AF550789

Jag vill rikta ett stort och varmt tack till Margareta som visat fantastiskt tålamod under skrivandet, och till sonen Svante och döttrarna Isabella och Matilda som kommit med viktiga synpunkter och muntra hejarop. Dessutom till Lars-Åke Davidsson som lagt ner tid på boken.

P.H. Welin

Welin har bland sina utbildningar examina i human resources och beteendevetenskap, Umeå universitet, samt arbetsrätt och personalekonomi vid Stockholms universitet. Han har innehaft olika HR- och styrelseposter inom offentlig och privat verksamhet. Han har även flerårig föreningserfarenhet från flera olika organisationer.

FSC
www.fsc.org
MIX
Papper från
ansvarsfulla källor
Paper from
responsible sources
FSC® C105338

PH Welin

”Om man plockar en hönа fjäder för fjäder så märker ingen det”

– en studie i brunt

Bokens titeln är ett citat efter Benito Mussolini via Madeleine Albright, i en intervju i SVT 20190120

Förlag: BoD – Books on Demand, Stockholm, Sverige
Tryck: BoD – Books on Demand, Norderstedt, Tyskland
ISBN: 978-91-7785-350-3

INNEHÅLLSFÖRTECKNING

Inledning

Kapitel 1

Sverigedemokraternas grund 1

SD och grundprinciperna 2

SD och styrningen av partiet 16

Kapitel 2

Konsekvenserna av om SD kommer till makten 21

SD och regeringsformen 22

SD i riksdagen 33

SD och invandringen 41

SD och folket 61

SD och nationen 74

SD och staten 82

SD och kulturen 91

SD och respekten för individen 100

SD och kravet på lojalitet 110

Kapitel 3

SD och dess svans 115

Kapitel 4

SD och de andra partierna **127**

Kapitel 5

SD:s egentliga mål **146**

Kapitel 6

Det nya Sverige under SD:s ledning **151**

Kapitel 7

Ur historiens perspektiv **170**

Kapitel 8
Vad du faktiskt röstar på
– medvetet **185**

Kapitel 8

Sammanfattning, summering, avslut **189**

Sammanfattning 190

Summering 193

Avslutning 196

Källor 261
Litteratur
Tidningsartiklar
Sverigedemokraterna
Statistik
Motioner till riksdagen
Nätet
Sveriges Radio och Sveriges Television
Övrigt
Bilder

FÖRORD

Vi har ända sedan 1800-talet kämpat för att alla ska kunna komma till tals, att alla ska ha rätt att rösta samt att var och en ska kunna uttrycka sig fritt i tal och skrift. När vi 1918 – 1921 fick igenom att även kvinnorna skulle ha rösträtt, var det ett genomslag för demokratin i vårt land.

Vad har Sverigedemokraterna med detta att göra? Har det partiet någon koppling till Europas historia och nutida nationalism?

Jimmie Åkesson brukar påtala att han företräder 1 miljon röster och att SD inte kommer att "*släppa fram en regering som de inte kan leva med. SD förväntar sig få inflytande och de ska använda sig av de maktmedel de har för att få detta inflytande*".

Under januari 2019 har Åkesson också uttalat att "*Min ambition under den här mandatperioden är att Sverigedemokraterna ska etablera sig som den dominerande parten i det nya, konservativa blocket. I nästa val, senast 2022, går vi för konservativ majoritet och regeringsmakten*".

Vad skulle det då innebära om SD skulle få makten att styra Sverige? Eller mera konkret, vilka konsekvenser får det för oss som lever och verkar i Sverige om SD vinner kommande val och besätter statsministerposten?

För att kunna besvara dessa frågor har jag gått in i SD:s partiprogram – principprogrammet och andra – där den yttre, offentliga grunden för deras politik återfinns. Till detta har jag även fogat offentliga uttalanden och ställningstaganden som högt uppsatta företrädare gjort på frågor kring vad deras politik innebär i praktiken. Slutligen har jag granskat på vilket sätt SD:s riksdagsrepresentanter har tillämpat politiken de står för i motioner och yttranden i riksdagen.

Vilken konsekvensen blir i det fall Sverigedemokraterna skulle komma till makten utifrån dessa tre grundläggande krafter ställer jag sedan i ljuset av hur och om deras ideologiska grund återfinns i historien och vilka erfarenheter som kan finnas där.

Avslutningsvis sammanfattar jag vad jag kommit fram till, ställer några frågor och jag frågar dig om det är detta Sverige du vill ha och därför röstar på Sverigedemokraterna, ett val som du ju medvetet gör vart fjärde år.

Slutsatserna är mina, men jag anser dem väl grundade och jag hoppas att de bidrar till en djupare förståelse av Sverigedemokraternas egentliga ideologiska målsättning för dig som läsare. Att du reflekterar över vilket samhälle du vill leva i och om det stämmer med vad Sverigedemokraterna vill förändra det vi har till. Jag är fullt medveten om de brister vi har, inte minst avseende vårt sätt att välkomna de nya svenskarna. Det finns avgjort bättre vägar att gå, men jag delar definitivt inte vare sig den människosyn, det sätt varpå Sverigedemokraterna vill lösa de utmaningar vi har eller det resultat de, enligt vad jag kommit fram till, vill nå.

P. H. Welin

Bålsta i april 2019

”För att vi ska bli det nya Sverige krävs mycket av oss alla. Men jag ser vägen framför mig. På vägmärkena står det språk, skola, arbete, tålamod, ömsesidighet, tolerans och respekt.”

Nyamko Sabuni, Det nya Sverige

KAPITEL 1

SVERIGE-DEMOKRATERNAS GRUND

Sverigedemokraterna och grundprinciperna

I SD:s historia, bildades 1988, fanns nazistiska, nationalistiska och rasistiska frontfigurer och man hade långt in på 1990-talet parollen ”*Bevara Sverige Svenskt*”.

Det var en glödande antiinvandring SD visade upp i sina inledande framryckningar i svensk politik. I 1994 och 1996 års partiprogram kunde man läsa följande:

- SD ska sträva efter ett ”*etniskt homogent Sverige*”
- ”*Etniska främlingar som invandrat till vårt land efter 1970*” ska alla kastas ut. ”*Någon hänsyn till utgivna medborgarskap kommer inte att tas*”
- Förbjud all invandring från ”*etniskt avlägsna kulturer*”
- Invandrarverket (numera Migrationsverket) ska läggas ner och uppgifterna ska tas över av polisen

- SD vill ”*Starkt begränsa*” adoption av utomnordiska barn
- Enbart konst och musik som befrämjar ”*fosterlandskärlek*” ska få statligt stöd

> **Ur SD:s partiprogram 1994**:
> Sverigedemokraterna vill stoppa all invandring av människor från etniskt avlägsna kulturer. Stora resurser måste avsättas för att skapa förutsättningar för att de som kommit till vårt land efter 1970 ska kunna återvända till sina respektive länder inom en snar framtid. Någon hänsyn till utgivna medborgarskap kommer inte att tas utan förslag till en grundlagsförändring och en ny medborgarskapslag kommer läggas
>
> **Ur SD:s partiprogram 1989**:
> Sverigedemokraterna vill motverka det mångkulturella och mångetniska samhälle som vi håller på att få....
> Sverigedemokraterna anser att Sverige i sin homogena befolkningssammansättning
>
> Sverigedemokraterna vill skärpa lagstiftningen när det gäller aborter.

Källa: Sverigedemokraternas partiprogram 1994 respektive 1989

Deras långsiktiga mål och riktlinjerna för den långsiktiga politiken finns än idag och är tydliga, även om de i program och plattformar bara framskymtar i allmänna termer och att man ännu inte har lyft fram de konkreta åtgärder för deras förverkligande som de facto SD måste genomföra för att nå sitt egentliga mål.

Vi måste vara klara över att de ledande figurerna Åkesson, Karlsson, Söder och Jomshof representerar en sann inre övertygelse. I konsekvens därmed kommer de också att, i det fall de får makten, uppmana till handlingskraft i partiet. Allt i enlighet med vad de politiskt säger sig vilja åstadkomma för samhälle.

Därmed öppnar sig också tillfällen för olika sektorer av befolkningen, bland annat sådana rörelser som Nordiska Motståndsrörelsen (NMR) eller Alternativ för Sverige (AFS). De, samt andra, kommer att verka för att denna linje, denna politik och dess verkningar är den rätta och konkret agera därefter.

Idag kan vi konstatera att inget har förändrats sedan slutet på 1980-talet när det gäller SD:s syn på människorna som bor i vårt land och jämfört med deras program från 1990-talet. Denna inställning har i allt väsentligt inte heller förändrats inom SD och dess ideologiska bas. Dessutom finns flera gemensamma drag eller syn på olika basala faktorer i vårt samhälle och för de som bor i vårt land, vilka i allt väsentligt påminner om den politiska ideologi som uppkom under 1920-talet i Italien liksom i Tyskland på 1920- och 1930-talen.

"Det finns onda krafter som har förvandlat Europas härskarfolk till en utdöende folkgrupp som ber om ursäkt för att de fortfarande inte har lämnat över hela sitt land och samtliga resurser till främlingarna."

David Bergquist (SD), gruppledare Nacka

#SD2018

Källa: jämställdhetsfeministern.wordpress.com

Under förutsättning att Sverigedemokraterna skulle få majoritet vid nästa riksdagsval och därmed få makttillträde skulle bland annat dessa frågor få framträdande drag i deras aktiva politiska ageranden. Den regeringen, med tillträdande SD-ministrar skulle omedelbart arbeta för verkställighet av olika propåer som t.ex. de som motsvarar de motioner de hittills lagt fram i riksdagen. Exempel på sådana kommer längre fram, men redan här kan nämnas frågan om restriktiv invandring, abortlagstiftningens förändringar, rösträtt, medborgarskap, lojalitet med flera.

Skälen till omedelbara aktioner är i grunden två. Dels för att visa de röstande att man agerar och på så sätt vinna ytterligare röstande inför nästa val, men även att bädda för de åtgärder som kräver två riksdagsbeslut. Mer om dessa frågor längre fram i denna bok.

Jag skulle kunna påstå att SD har fascistiska drag:

Ett folk – en nation – en stat.

Något som SD också klart uttrycker i sitt principprogram.

Ett renrasigt folk.

Samklang med SD:s tal om etniskt homogent Sverige. Dessutom en av SD:s gamla paroller om än i en något annorlunda form.

Enhetlig kultur.

Enligt SD leder mångkultur till ”*ett försämrat samhällsklimat med ökad rotlöshet, segregation, motsättningar, otrygghet och minskad välfärd som följd*”.

Harmoniskt folkhem utan klasskonflikter.

SD anser att det harmoniska socialkonservativa folkhemmet utan farliga klassmotsättningar, som riskerar att slita isär nationen, förutsätter att man slår vakt om den nationella sammanhållningen och den gemensamma identiteten, och där utgör ”*mångkulturalismen*” ett hot.

Traditionella familjen central.

SD är emot samkönade äktenskap eftersom de anser att barn *”bör växa upp i en familj med mor och far” då ”de manliga och kvinnliga egenskaperna i många fall kompletterar varandra”.*

Stark och krigisk manlighet

Kvinnan vårdar familjen, hem och barn

Främmande undermåliga raser och kulturer hotar vår ras

SD:s synsätt är här att ”*en stark nationell identitet och ett minimum av språkliga, kulturella och religiösa skillnader har en gynnsam effekt på sammanhållningen, tryggheten och stabiliteten inom ett samhälle*”. Och därför, menar SD, ”*måste naturen hjälpas på traven och folket sorteras så att människor som inte hör till nationen och gemenskapen sorteras ut*”

Fascismen beskrivs bland flertalet forskare kring dess ideologi och struktur på följande sätt:

Avgörande för framväxten av utvecklingen var bl.a. synen på det vi idag kallar vänster-högerskalan och dess roll att kunna fungera drivande i samhällsorgan av olika slag. Det var också detta som bildade bas för fascismens världsåskådning.

Idag betraktas den som en radikal form av mittenpolitik med inslag från båda sidor av den traditionella vänster-höger-skalan, ett slags mellanting mellan dessa. Mussolini hävdade 1919 att hans rörelse skulle slå mot *"högerflygelns bakåtsträvanden och vänsterflygelns destruktivitet".*

Källa: L'ascesa del fascismo. Gianleone Marino

Fascism har sitt främsta ursprung i Benito Mussolinis fascistiska parti (från 1921Partito Nazionale Fascista) i Italien, grundat efter första världskriget och med rötter i den italienska nationalsyndikalismen.

Den karaktäriseras som en auktoritär politisk ideologi, och den strävar mot en stark nationell identitet och har motstånd mot kommunism och liberalism. Den nationalistiska staten är målet. Denna ideologi föredrar en korporativ eller nationalsocialistisk ekonomi. Man uttrycker också starkt intresse för nationalromantisk kultur. Slutligen ska folkets intressen tas tillvara med allmänheten i centrum, och man motsätter sig oberoende fackföreningar, strejker, lockouter, frihandel och fri företagsamhet. Som man märker av ovanstående beskrivning av fascismen är det många punkter som går igen i Sverigedemokraterna.

SD har ingen ideologi som man utgår ifrån, det har inte heller fascismen, istället anser man att man kan röra sig fritt åt vilket håll man vill. Man formar sin politik utifrån rådande situation. Både SD och fascismen talar om en stark auktoritär stat byggd på stolt historiskt arv och nationalismen har som funktion att ingjuta framtidstro, andlig resning och bl.a. genom att ta ansvar för viktiga samhällsfunktioner. Det är nationens gränser och den gemensamma kulturen som är avgörande. Nationalsocialismen betonar starkt rasskillnader och kopplar den med kulturens historiska betydelse.

Jag kommer längre fram i denna bok beröra olika aspekter av det ovan sagda där jag åskådliggör kopplingarna mellan det ovan sagda och det SD har i sin grund och som man vilar sin politik på.

Italienska fascisternas program. Källa: Instituto Poligrafico dello Stato

Utvecklingen i Sverige har alltmer gått från den endimensionella vänster-höger-skalan till att få ytterligare en dimension. Den vanliga vänster-höger-skalan har definierats som en fördelningspolitisk skiljelinje partierna emellan, där främst nationalekonomiska frågor dominerat den politiska valdebatten. Det avser sådana övergripande politiska områden som marknadsekonomi, kapitalism, fördelningspolitik och socialism. Globalism kontra nationalism har tidigare inbegripits i denna skala.

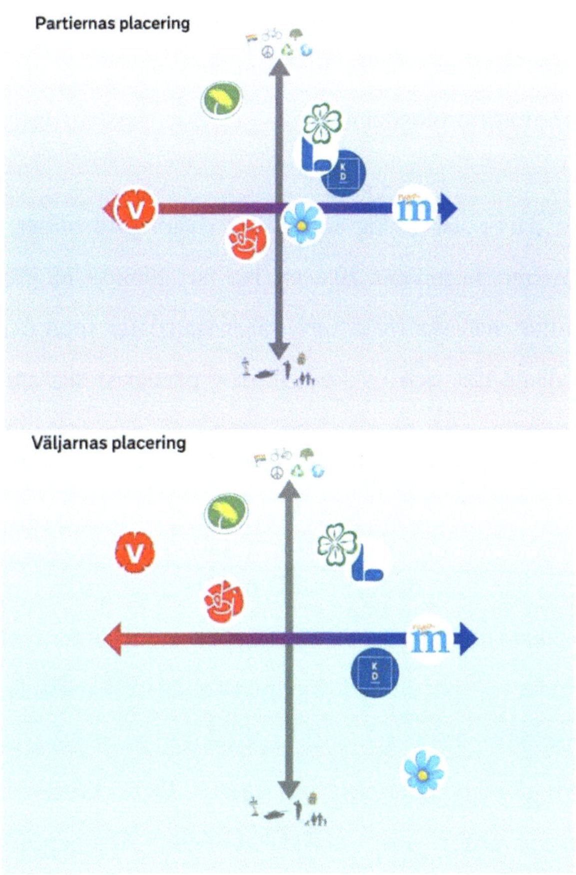

Källa: Partirösten, Henrik Ekengren Oscarsson, Grafik: SVT Grafik

Den nytillkomna skalan GAL/TAN, (GAL står för Grönt, Alternativ, Libertarianskt, och talar om maximal självständighet och valfrihet; TAN står för traditionellt, auktoritärt och nationalistiskt) har tillfogats vänster-högerskalan och berör identitet och kultur snarare än ekonomisk omfördelning.

Den partipolarisering som skett i vårt land under åtminstone de senaste 20 åren, har fått effekter på frågan om hur man ska mäta t.ex. väljarnas röster men också på vilket sätt och i vilken riktning partierna ska agera, identifieras och fungera som attraktiva alternativ inför valen för just väljarna.

Detta har, som det synes, SD medvetet utnyttjat i syfte att vinna mark genom olika typer av argument som grundar sig på en tydlig oppositionell roll med tilltalande alternativa och snabba lösningar på dagens problem så som de upplevs av väljarna. Och i botten och mera svårläst eller svårtolkat finns SD:s egentliga grundläggande mål, att bygga en annan typ av samhällsbildning än den vi har idag.

Den politiska utvecklingen i Sverige bildar ett landskap som i vissa fall påminner om den politiska utveckling som skedde i Tyskland fram till 1932 års val. Vid det valet fick Nationalsozialistische Deutsche Abreterpartei (NSDAP) 33% av rösterna, gick samman med ett annat nationalistiskt parti och Hitler blev rikskansler.

Idag uttalar Åkesson att hans mål är att nå minst 30% av rösterna vid nästa val och att det utvecklas ett konservativt block bestående av Sverigedemokraterna, Moderaterna och Kristdemokraterna. I detta block, enligt Åkesson, ska SD vara ledande. Åkessons strävan är mycket tydlig och effekterna av en eventuell framgång där Åkesson skulle bli statsminister är skrämmande.

Den nästan politiska godtrogenhet som M och KD visar avseende dessa partiers roll och maktinflytande i en tänkt konservativ regering, den i olika frågor överensstämmande inställningen mellan de tre partierna, bäddar för den utveckling Åkesson strävar efter.

Kristersson menar att SD får igenom de förslag de lägger fram om de tycker som M, och att "*Jag tycker att de har rätt i ett antal frågor*". Busch Thor säger att hon är orädd för att bilda regering "*som även inkluderar SD*". Och Åkesson uttrycker tydligt att de kräver inflytande i "*rimlig proportion till vårt valresultat*".

Det finns flera olika infallsvinklar på hur synen på det samhälle SD vill bygga som ersättning för det samhälle vi har idag. Det väsentliga är dock hur hög medvetenheten eller insikten hos den "*vanliga*" väljaren är kring SD:s slutliga mål.
Utöver detta finns frågeställningar kring de andra partiernas sätt att fungera gentemot SD:s framgångar, hur man bemöter retoriken från SD och hur starka dessa partier varit avseende förmågan att lyfta fram sin egen politiska grundfilosofi i motsats till SD:s.

Det är flera element som måste lyftas fram för att visa på vad konsekvenserna kan bli i det fall undfallenheten för SD:s retorik fortgår.

Denna bok avslutas med vilka effekterna av en eventuell stark framgång för SD kan få för vår befolkning och vårt demokratiska samhälle, synen på mänskliga rättigheter, jämställdhet och den kultur och de minoriteter som finns i vårt land.

Sverigedemokraterna och styrningen av partiet

I alla viktiga beslut är SD beroende av Mattias Karlsson, Jimmie Åkesson, Björn Söder samt Richard Jomshof.

Det som drog Åkesson till SD var bland annat ett *"etniskt homogent Sverige"*, *"Etniska främlingar som invandrat till Sverige efter 1970 skall alla kastas ut"* och *"Enbart konst och musik som befrämjar fosterlandskärlek ska få statligt stöd"*.

Jimmie Åkesson studerade då vid Lunds universitet, vilket även Björn Söder och Richard Jomshof gjorde och tillsammans bildade de Nationaldemokratiska studentföreningen. Mattias Karlsson anslöt 1999. Den gemenskap de där utvecklade är också den som de fortfarande har och som styr SD.

För att nå sitt grundläggande syfte och mål kan SD:s ledning dock inte verka oberoende av partiet. Även om ”*De fyras gängs*” världsbild tidigt varit tydlig, formas deras initiativ under inverkan av internt tryck, den svenska opinionen och massmedias reaktioner, det som vi som ser skeendet så att säga utifrån, betraktar som svängningar i politiken.

Men SD påverkas också och tar stöd av sådana internationella kontakter som europeiska främlingsfientliga partier. Bland dessa kan nämnas UKIP (England), Sannfinländarna (Finland) och Rassemblement, fd. Front national (Frankrike). Samt Jobbik (Ungern), dagens Ungern som SD ser som en framträdande politisk förebild.

SD påverkas även av initiativ liknande det som Steve Bannon tagit. Bannon vill samla de EU-kritiska krafterna i Europa i en rörelse under beteckningen ”*The Movement*”. Denne Bannon, Trumps förre chefsstrateg, ser SD som en viktig spelare i samband med EU-valet, och har också träffat Kent Ekeroth från SD. Bannon säger sig gärna bidra med stöd i form av kampanjrådgivning och datadriven marknadsföring.

Jimmie Åkessons långsiktiga mål är att göra SD till ett trettioprocentparti och därmed aspirera på regeringsmakten. Det skulle på allvar utmana invandringslandet Sverige där 1,5 miljoner svenskar är födda utomlands.

Kampen för att bli ett stort parti präglar SD:s taktik totalt. Nolltoleransen mot extremism, den nya mediestrategin, talet om folkhemmet och flörten med kvinnliga väljare är språngbrädorna mot nya höjder i opinionsmätningarna. Samtidigt utgör dessa aktiviteter och beteenden taktiska steg vilka i vissa fall inte överensstämmer med SD:s grundläggande ideologi.

Partiet inrättade omkring 2010 en speciell grupp med s.k. riksombudsmän, vilkas officiella uppgift var att ge stöd till de nya, bidra med utbildning, medla m.m. Det som varken riksombudsmännen eller deras chef Björn Söder berättade öppet var att en av deras huvuduppgifter var att kartlägga och betygsätta partikamraterna ute i distrikten.

I betygslistorna förekom också direkta omdömen om enskilda politiker i distrikten.

SD har genom åren haft många interna problem där medlemmar på olika nivåer uppträtt rasistiskt. Det mest kända är SD:s riksdagsledamöter Ekeroth och Almqvist och den s.k. järnrörsskandalen.

Riksdagsledamöter som rasistattackerar riksdagsvakt, kallar afrikaner för ”*satans jävla aphelveten*”. Frågor som ”*Hade verkligen Adolf Hitler så fel?*” och påståenden om ensamkommande flyktingbarn som ”*hoppas de svälter sig till döds*”. Det finns ganska många brott mot Åkessons nolltolerans av vilka jag tagit fram ett litet axplock.

Ytterligare exempel är när en vice ordförande stödjer kommentaren ”*hoppas [...] den här högljudda kvinnan blir gängvåldtagen av en hög av sina älskade niggers*” eller angående tiggare, ”*Ett B-52 plan så är problemet löst*”. En styrelseledamot skrev 2016 att ”*lorten ska bort*”. SD:s finansministerkandidat som glatt berättar om ett gäng roliga nazister på hans gamla jobb och vilka judeskämt de brukade dra. Ordföranden i Halland sprider uppfattningen att ”*muslimer är ondska och farliga*”. SD-medlem som festat med nazister på en plats de kallade

Camp Auschwitz, stödmedlemskap i Nordiska Motståndsrörelsen (NMR), SD:s ordförande i Nacka som deltagit på möten med profilerade nazister och vädjat till Putin att komma hit och avsätta vår landsförrädare till statsminister.

Alla dessa återkommande yttringar, beteenden och inställningar, är tecken på och avslöjar att det finns gott om en mycket tydligare rasistisk inställning bland medlemmar i Sverigedemokraterna på flera olika nivåer, än den som Åkesson låter påskina.

Från den vanliga medlemmen ända upp på riskdags- och styrelsenivå. Självklart påverkar detta hanteringen av politiken, men vad som är viktigare, hur starka blir dessa röster i det fall SD får makten i vårt land? Redan idag färgar detta SD:s grundläggande aktiva politik, inte minst lokalt och påverkar uppåt i organisationen.

KAPITEL 2

KONSEKVENSERNA AV OM SD KOMMER TILL MAKTEN

SD och regeringsformen

Regeringsformen. Källa: Karpov Group

Jag nämner nedan ett urval av de förändringar som SD måste genomföra för att få genomslag i sin politik. Det finns flera ytterligare förändringar som berör de s.k. frihetsrättigheterna, men dessa berörs inte i denna bok även om också dessa är väsentliga och kräver i enlighet med SD:s politik förändringar.

I Regeringsformens första paragraf kan man läsa att "*All offentlig makt i Sverige utgår från folket.*" I den fjärde paragrafen i Regeringsformen står att "*Riksdagen är folkets främsta företrädare*".

I paragraf 2 står att "Den offentliga makten ska utövas med respekt för alla människors lika värde och för den enskilda människans frihet och värdighet". I sista stycket i samma paragraf står följande: "*Samiska folkets och etniska, språkliga och religiösa minoriteters möjligheter att behålla och utveckla ett eget kultur- och samfundsliv ska främjas*".

När det gäller språket har det skett en ganska tydlig utveckling inom SD och deras anhängande organisationer. SD anger i sitt principprogram att "*all offentlig makt i Sverige skall utgå från folket*" och att detta är "*den mest centrala av Sverigedemokraternas principer*".

Ett problem som SD brottas med är tolkningen av ordet "*folket*", begreppet "*folkstyre*" och definitionen av begreppet "*demokrati*" men de har genom åren problem med detta begrepp. SD säger sig bekänna sig till ”*den klassiska definitionen av demokrati*”.

Men säger man, "*Sverigedemokraternas uppfattning är att man inte helt kan förbigå ordet ’folk’ i begreppet folkstyre och att folkstyret i längden riskerar att bli mycket problematiskt att upprätthålla i en stat som bebos av flera folk, där det inte råder konsensus kring vilka som skall räknas till folket*". (Exempelvis de ovan nämnda judarna, samerna med flera).

Därmed har de också problem, de har t.ex. hävdat - offentligt - att det ”*visar på ett problem i demo-kratin när muslimer får rösta*".

Det var just denna rättighet man undandrog judarna på 30-talet. Och samma diskussion för SD när det gäller samer, judar m.fl. som bor i vårt land.

Så när det gäller Regeringsformens första paragraf har SD ett första arbete i det fall de kommer till makten. SD med sin inställning till nation, medborgare och folk, får här sina första tydliga exempel på några av de paragrafer de måste förändra för att det ska stämma överens med deras politiska grundpelare. En inskränkningsuppgift för vilka de som bor i vårt land denna paragraf ska gälla.

När det sedan gäller Regeringsformens andra paragraf har de en uppgift framför sig att definiera begreppet folket utifrån vilka som ska ha rätt att väljas till Sveriges riksdag och där representera folket. Logiskt är det medlemmarna i nationen, enligt SD, som ska ges denna möjlighet, andra folk i Sverige tillhör en annan nation och därmed inställer sig frågan om huruvida dessa har rösträtt till riskdagen, kan väljas in i riksdagen och huruvida de företräder folket.

I Regeringsformen kan man vidare läsa i paragraf 2 att ”*Den offentliga makten ska utövas med respekt för alla människors lika värde och för den enskilda människans frihet och värdighet*”.

Sett utifrån att SD påpekar att man kan vara medborgare men inte tillhöra nationen Sverige, får det också konsekvenser för t.ex. samerna eller tornedalsfinnarna som SD betraktar som tillhörande en annan nation även om de bor i vårt land sedan länge.

För dessas del blir det enligt SD logiskt så att de inte omfattas av denna paragraf. Därmed undantas de från människors lika värde i nationen Sverige, även om de, i enlighet med SD:s logik, har den rättigheten i sin egen nation.

När vi därefter går över till sista stycket i paragraf två, står som nämnts ovan att möjligheten för minoriteter att utveckla den egna kulturen ska främjas. I enlighet med SD:s resonemang och principprogram, tillhör inte dessa folk nationen Sverige och slutsatsen blir att de därför inte heller omfattas av denna lag. Detta stämmer också väl överens med SD:s politiska hållning att endast konst och kultur som befrämjar nationen ska få statligt stöd.

SD strävar därmed efter att få bort detta stycke i paragrafen, för att deras politiska logik ska stämma. Dessutom, SD kan i sina budgetar dra bort alla typer av insatser för dessa folk, vilket de redan idag i olika sammanhang gör inte minst i deras senaste budgetförslag till riksdagen, men även på lokal nivå i olika kommuner.

I andra kapitlets 12 paragraf i Regeringsformen anges att "*Lag eller annan föreskrift får inte innebära att någon missgynnas därför att han eller hon tillhör en minoritet med hänsyn till etniskt ursprung, hudfärg eller annat liknande förhållande eller med hänsyn till sexuell läggning.*"

Även denna paragraf går rakt emot SD:s grundinställning till vad de avser med begreppen nation och folk. Samklangen med sista stycket i paragraf två och formuleringarna i Regeringsformen innebär att SD måste genomföra förändringar även här, vilket är logiska följder av SD:s politiska syn på vilka som bebor Sverige. Kopplat med SD:s budskap att alla som invandrat efter 1970 ska repatrieras, att människor med etniskt ursprung från länder utanför Norden/Europa, människor med annan mänsklig essens, samt HBTQ-människor, enligt SD inte hör hemma i nationen Sverige, blir uppgiften tydlig för SD vad som enligt deras uppfattning måste ändras.

Och sådana förändringar i grundlagen påverkar villkoren direkt för alla de människor i vårt land som enligt SD tillhör en annan nation, samer, chilenare, tornedalsfinnar, romer, judar, syrier, araber och många fler.

“ Jimmie Åkesson:

Det vi behöver är återvandring.

Källa: SD Facebook 30 april 2018

Allt det ovan sagda är åtgärder för att SD ska kunna nå sitt mål att bygga sin form av Sverige som nation med ett folk. Med den grundinställning till medborgare, folk, nation och stat man har och de förändringar som behöver göras i enlighet med SD:s politik finns flera likheter med vad som hände efter NSDAP:s tillträde i Tyskland 1933.

Dock är SD salongsfäiga och följer gällande spelregler främst för att framstå som seriösa och ett ”riktigt” parti. Åkesson och övrig stab inom SD arbetar hårt för att nå målet att bli accepterade som ett normalt parti.

Och, som professor Hans-Åke Persson skriver, det sker ”*En smygande normalisering av Sverigedemokraternas värderingar och politiska hållning tar sig alltefterhand....*”

SD konstaterar således att det finns andra folk som bor och har bott länge i nationen Sverige. Frågan om huruvida dessa ska räknas in i nationen eller inte har man löst genom att skilja på begreppen ”*medborgare*” och ”*medlemmar i nationen*”.

Man kan som tillhörande en annan nation (exempelvis att man är jude eller same) ändock bo i nationen och vara medborgare. Men – man kan inte vara medlem i nationen.

Åkesson: Muslimerna är vårt största utländska hot

Åkesson: Jag ska göra allt i min makt för att vända trenden

Källa: inte rasist men….

Således gäller, i enlighet med principprogrammet, de grundläggande rättigheterna t.ex. när det gäller de olika friheterna (yttrande-, tryck-, mötes- och föreningsfrihet) för ”*folket*”. Vilket innebär att det, per definition, enbart är de som är ”*medlemmar i nationen*” som har dessa rättigheter i nationen Sverige.

Därmed behöver det för dessa ”*andra folk*” inte råda rättstrygghet, likhet inför lagen eller allmän och lika rösträtt. Och detta synsätt, eller snarare tillämpning av sin grundläggande plattform, bekräftades också av riksdagsledamoten Kent Ekeroth som formulerade sig om problemet att muslimer får rösta. Detta var för övrigt något som de formulerade redan i 1989 års partiprogram.

Det ovanstående utgör en av de grundläggande pelarna i SD:s politiska syn på hur Sverige ska formas, vilka som ska räknas som svenskar, medlemmar i nationen Sverige och därmed vilka som inte ska räknas som svenskar.

Den andra pelaren består av två delar och berör deras egen definition som ett parti som är nationalistiskt och socialkonservativt.

Sitt nationalistiska synsätt, eller den grund detta vilar på, är tanken att nationen är en kulturell enhet bestämd sedan historien långt tillbaka i tiden, ibland t.o.m. släktskap. Den tar sig ofta uttryck som statsideologi. Det betyder att staten, eller nationen, legitimeras som hemland för den etniska gruppen. Filosofer bakom detta är sådana som von Herder och Fichte, båda med tankar om "*folket*" och etnisk tillhörighet. Dessa tankar var också samma filosofi som var grunden för när Mussolini bildade sitt fascistiska parti i Italien 1919.

Detta stämmer väl överens med SD:s egen beskrivning av nationen som en stark enhet med ett minimum av skillnader kulturellt, religiöst och språkligt. Granskar man *nordfront.se* ser man där ungefär samma definition, ”*vad är bäst för vårt eget folk*” där de besvarar frågan med att ”*främsta ledord är folkgemenskap. En gemenskap mellan alla delar av vårt folk som bygger på våra genetiska och historiska likheter*”. Intressant är att precis samma filosofi tillämpades från mitten av 1800-talet och fram till andra världskrigets slut av sådana rörelser som nazismen och fascismen.

Den socialkonservativa delen av SD:s egen definitionstillhörighet, kan närmast beskrivas som sociala traditionalister, dvs de stödjer kärnfamiljen och förespråkar social stabilitet. Det är också därför man är emot invandring, eller att man i vart fall starkt vill begränsas den.

Stark politisk betoning ligger också på att stifta lagar inom politikområdena lag och ordning. Denna rörelse eller ideologi har uppkommit under 1800-talet och växte sig stark i bl.a. Tyskland och Österrike. Ideologin vilar i princip på tre ben, social rättvisa, konservatism och nationalism.

Som medel för att nå väljare i dessa syften stöttar man kraven på sociala reformer, dräglig levnadsstandard, pensioner och socialbidrag. Grundtanken är att folket ska kunna enas kring vissa specifika gemensamt gällande regler byggda på folkets gemenskap och lika förutsättningar. Samma metod SD använder sig av i sin kamp för att nå makten i Sverige.

Sammanfattningsvis vilar SD:s politiska grund på tydliga influenser från fascismen. ”*Folket*” ska enas kring rättvisa, lag och ordning, yttrandefrihet, tryckfrihet, mötesfrihet, föreningsfrihet. Som ”*folket*” räknas bara de som har samma nationella och kulturella grund. Förutsättningen för att detta ska vara möjligt är att dessa demokratiska rättigheter bara ska tillfalla de som har rätt att räkna sig som ”*medlemmar i nationen*”. Romer, muslimer, samer, syrianer, judar med flera räknas inte in här utan de är bara medborgare, de tillhör en annan nation.

SD:s egentliga mål är därmed att skapa ett Sverige där enbart medlemmar av nationen, dvs. ”*folket*” har möjlighet att påverka den politiska utvecklingen i landet. Sverige ska bestå av människor med nordisk essens, abort ska inte tillåtas annat än i vissa situationer, adoption får bara ske från erkända kulturer. De som invandrat efter 1970 ska med polisens hjälp repatrieras till sina hemländer.

För att kunna genomföra de ovan angivna förändringarna i Regeringsformen gäller för närvarande att det tas två beslut med ett val emellan. Och det betyder i sin tur att SD har tid på sig att komma med förslagen, kan lägga upp taktiken men också lägga ut och propagera för sin linje.

SD i riksdagen

Foto: Ingemar Edfalk/Sveriges riksdag.

I det fall SD får makten i Sverige kommer det inte dröja särskilt länge efter makttillträdet förrän propåer om förändringar i grundlagarna kommer att föreslås. Inte minst mot bakgrund av den inställning man har till t.ex. Regeringsformens innehåll, vilket jag berört i föregående avsnitt.

Till följd av inställningen att skapa känsla av effektivitet snabba förändringar i enlighet med utlovade åtgärder grundat på sin politik och därmed få acceptans och förväntade reaktionen hos den vanliga väljaren, ”*äntligen händer det något*”, ökar möjligheterna för ”*De fyras gäng*” att driva igenom sin grundläggande inställning och sina egentliga politiska mål.

För att nå detta kommer det inte dröja särskilt länge förrän det i riksdagen från SD framställs förslag vilka innebär att man antar en fullmaktslag som ger statsministern och dess närmaste ministrar lagstiftande och verkställande makt. Formerna för denna åtgärd kan se olika ut, det väsentliga är dock att Riksdagen därmed avhänder sig denna funktion. Och detta är samma utveckling som sker i Ungern, Turkiet och Polen.

Man kommer från SD:s sida att ta detta etappvis, vara noga med marknadsföringen av skälen till sina beslut och samtidigt lägga fram så starka och tilltalande skäl som möjligt för att få acceptans och ”*folket*” med sig. Eller som Mussolini uttryckte det ”*Om man plockar en höna fjäder för fjäder så märker ingen det*”.

Under de senaste åren har SD vid flera olika tillfällen i riksdagen ställt sig mot krav och förslag som framförts utifrån fackliga perspektiv. Risken, efter ett makttillträde, är att man från SD kommer att avveckla möjligheterna att bilda eller verka inom den form av fackliga organisationer som finns idag.

Skälen till sådant agerande har sin grund i en inställning som bottnar i talet om nationens vilja, inställningen att folkets intressen ska tillvaratas med allmänviljan i centrum. Något som återfinns om än med andra formuleringar och ordval i principprogrammet och partiprogrammen. Och som har en mycket nära koppling till det partiprogram som Mussolini tog fram 1919.

Som exempel kan här nämnas att SD inför valet 2018 propagerade för en allmän statlig a-kassa, vilket internationellt sett och ur facklig synvinkel, tydligt minskat intresset för medlemskap i en facklig organisation. Effekten skulle därmed kunna bli svagare fackförbund.

SD har vidare i en omröstning i Riksdagen tagit ställning mot det EU-direktiv som EU-kommissionen 2013 ställde krav på.

Det gäller EU:s direktiv om att inte stapla visstidsanställningar i all oändlighet, och uppmaningen att Sverige skulle följa och inte längre bryta mot. Om SD:s inställning vunnit gehör i Riksdagen, och som ju följer deras inställning till EU allmänt, hade Sverige hamnat inför domstol för fördragsbrott.

Enligt LO, är SD fiender till ”*våra grundläggande fackliga idéer*”, och exemplifierar med omröstningar i Riksdagen där SD bl.a. röstat nej i frågor som nedläggning av det kritiserade arbetsmarknadsprogrammet Fas 3.

Men även nollvision mot dödsolyckor i arbetslivet, förstärkt arbetslivsforskning, skatteavdrag för medlemskap i fackförening, meddelarfrihet för de anställda i privata välfärdsföretag, rätt till barnomsorg på obekväm arbetstid med flera.

Källa: Tankesmedjan Tiden

SD visade också i sin SD-kuriren 1994 vad de anser om de övriga partiernas riksdagsledamöter, nämligen att det är ett ”*gäng landsförrädare som styr Sverige*” och att svenskarna utgör ”*det bekväma, lata och fega folk*”. SD menar att de som har styrt Sverige genom sin politik har bidragit till upplösningen av det de benämner vägledande etiska och moraliska principer.

I olika sammanhang har ledande SD-politiker visat på Ungern som ett av de länder man anser vara ett föregångsland och bra exempel med syftning på sin egen politik.

I dagens Sverige med den ordning vi har avseende t.ex. grundlagsförfaranden, lagstiftning, lagrådets roll, remissförfaranden med mera har man på olika sätt försökt säkra en demokratisk hantering av det grundläggande systemet för ett demokratiskt samhälle. Grundtanken är att nya lagförslag från den styrande majoriteten alltid ska prövas av en oberoende instans innan verkställighet.

Lagrådet representerar en sådan typ av institution, och det har stor och ofta avgörande betydelse för på vilket sätt landet styrs och utvecklas. Dessa institutioner påverkar starkt medborgarnas beteende, både genom att begränsa eller fördyra vissa handlingar och premiera och möjliggöra andra. Inte minst påverkas de ekonomiska förutsättningarna av kvaliteten på rättsväsendet, vilket också är vetenskapligt belagt i forskningen om tillväxt.

I det fall SD kommer till makten kan vi räkna med att detta kommer att förändras. Och mot bakgrund av hur det gått i just Ungern, där Viktor Orbán och hans konservativa parti *Fidesz*, genom att tillskansas sig makten i parlamentet, gav sitt parti möjlighet att ändra grundlagen på egen hand, skapades en möjlighet som Orbán utnyttjade genom att införa en rad reformer vars syfte är att ta kontrollen över just sådana instanser.

Efter det har en centralisering av makten skett, en ökning har skett av den politiska styrningen av radio, tv och kulturlivet.

Den författningsdomstol som funnits i Ungern, och vilken hade till uppgift att pröva om de lagar som parlamentet fattat är i enlighet med grundlagen, har vingklippts. Dess möjlighet att granska olika lagförslag inom t.ex. budget har radikalt minskat.

SD har under hela 2010-talet lyft fram Ungern som förebild. Kontakterna finns och man hämtar, som jag tidigare nämnt på annan plats i denna bok, politisk inspiration därifrån, Ungern är enligt SD "*frihetlig social-konservatism och nationalism är norm*". Richard Jomshof konstaterade också internt 2015 att SD var "*tvungna att anpassa oss till den verklighet som råder*" eftersom Sverige tyvärr "*inte fungerar som Ungern*"

Den 5 mars 1933 lyckades inte nazisterna få majoritet i parlamentet, men genom att ställa krav på och samarbeta med ett konservativt parti lyckades man tillskansa sig erforderliga befogenheter.

Följden blev snabba förändringar och centraliserad makt hos kanslern (Hitler). Ny lagstiftning hade diskuterats mellan regeringsmedlemmarna.

Så småningom avvecklades också de fackliga organisationerna, de politiska partierna. En utveckling som Ungern tagit efter och som SD med stort intresse följer.

Källa: Bundesarchiv, Bild 183-H28422 / CC-BY-SA 3.0

Även under NSDAP:s tid, liksom hos SD idag förekom inre spänningar. Men trots detta uppnådde NSDAP snabbt kortsiktiga mål, vilket befolkningen upplevde som en "*nationella pånyttfödelse*". Det är också detta delmål SD strävar efter i det fall man lyckas få makten i parlamentet.

På samma sätt som NSDAP inte tydligt angav sina slutgiltiga mål och riktlinjerna för den långsiktiga politiken mer än i allmänna termer, fungerar SD:s principprogram idag i Sverige.

SD och invandringen

I grunden vilar, som jag tidigare nämnt, SD ideologiskt på föreställningen om ett "*etniskt rent Sverige*", som de skrev 1996. I partiprogrammet från 1989 skriver SD att man "*vill motverka det mångkulturella och mångetniska samhället*", ett politiskt ställningstagande som man fortfarande håller fast vid. SD tar som jag tidigare lyft fram, utgångspunkt i påståendet att Sverige består av en "*homogena befolkningssammansättning*".

Utöver detta hävdar SD vidare att det existerar en "*nedärvd essens hos varje människa*", vilket enligt SD leder till "*en stark nationell identitet och ett minimum av språkliga, kulturella och religiösa skillnader*". Detta menar SD är gynnsamt för ett stabilt samhälle.

Det rasbiologiska resonemang partiet förde i slutet på 1980-talet har man försökt putsa bort. När man studerar principprogrammet och jämför med tidigare upplagor, partiprogram och plattformar kan man konstatera att ordvalet är annorlunda idag, men syftet är detsamma som tidigare, ett etniskt rent Sverige.

I en sammanfattning av en intervju med Björn Söder, är minskad invandring bara ett medel bland flera för att nå huvudmålet ett nationalistiskt Sverige. Minoriteterna kan möjligen få leva i Sverige men de är inte svenskar enligt Söder, dessutom är han villig att betala för att komma i mål med repatrieringen.

SD tänker sig att genomföra denna etniska rensning på två sätt. Det ena berör jag här, det andra berör frågan om ”*folket*” och ”*medborgare*” vilket jag redogör för på annan plats i denna bok.

SD har i motion till Riksdagen föreslagit Riksdagen besluta att registrera invandrare så att man kunde kontrollera deras ursprung, eller som det mera exakt står i motionen ”*att börja registrera ursprungsnationalitet inklusive statslösa, även inom den grupp som har svenskt medborgarskap.*” Detta berör omkring 1,8 miljoner människor som är utrikes födda och bor i Sverige enligt SCB för 2017.

Av dessa utgör drygt 500.00 invandrare från Iran, Irak, Afghanistan, Somalia, Eritrea och Syrien. Och en majoritet av dessa har kommit till Sverige efter 1970. Alla dessa skulle således repatrieras. Kopplingen till vad som hände med judar inledningsvis i Tyskland under 1930-talet är uppenbar. Till detta kan fogas de drygt 170.000 som kommit från Jugoslavien, Bosnien-Hercegovina och Turkiet, samt dryga 40.000 från Thailand. Sedan har vi människor som kommit till Sverige från Tyskland (drygt 50.000), Norge (drygt 42.000) och Danmark (drygt 40.000).

Alla dessa knappt 1,9 miljoner invandrare födda utomlands kan inte bli medlemmar i nationen Sverige, de ska uppfylla alla krav för att bli medborgare och de skall frånsäga sig alla eventuella dubbla medborgarskap. Tillsammans utgör de en knapp femtedel av vår nuvarande befolkning.

Till detta kan fogas de cirka 500.000 personer som är födda i Sverige men av utländska föräldrar, vilket innebär att hela repatrieringsfrågan berör cirka 2,4 miljoner människor boende i Sverige.

Om SD får som de vill kommer dessa människor i sinom tid inte att ges möjlighet att verka inom offentlig sektor och vi tappar en stor del av arbetskraften inom bl.a. vård, skola och omsorg, inom gatu- och parkverksamheterna, inom socialtjänsten med flera områden. Effekterna för att fortsätta driva en bra verksamhet inom dessa områden blir förödande. SD:s vallöften inom dessa områden blir synnerligen tomma.

SD vill förändra lagarna för att ”*möjliggöra fördjupade statistiska underlag om invandring och personer med invandrarbakgrund*”. SD påpekar i motionen att denna typ av registrering ska kunna ske med hjälp av svenska myndigheter som Kriminalvården, och med stöd av personuppgiftslagen, lagen om den officiella statistiken och SCB.

Vidare föreslår man i samma motion "*att endast den som innehaft svenskt medborgarskap i minst tio år ska kunna vara valbar till riksdagen som ledamot eller ersättare till ledamot*", något som mycket väl stämmer överens med kravet på medborgarskap i SD:s mening.

Dock, eftersom SD menar, i enlighet med principprogrammet, att en invandrare dels ska svara upp mot samtliga presenterade krav, dels inte kan bli medlem i nationen Sverige, dels som invandrare tillhör en annan nation och slutligen får mycket svårt att assimilera sig i Sverige, det är ju enligt SD en lång och svår process, blir kravet på 10 år i princip omöjligt att uppnå. Effekten blir att invandrare inte har möjlighet att bli vald som ledamot i Riksdagen.

I SD:s politiska strävan är dock registreringen av icke-svenskar bara ett första steg. Det är ett första medel för åtskiljandet mellan de som tillhör nationen och de som inte tillhör nationen. Sådana lagar ger sedan de förutsättningar som behövs för att kunna särbehandla de som inte tillhör nationen.

Och detta är samma åtgärder som infördes i Tyskland 1935 då den nazistiska regimen fattade beslut om de så kallade *Nürnberglagarna*. Dessa lagars syfte var, på samma sätt som dagens SD, att kunna avskilja icke-tyskar från tyskar, i det fallet judar. Därmed kunde myndigheterna veta vem som skulle drabbas av de antijudiska bestämmelserna och åtgärderna.

Konsekvensen av dessa lagar blev att man gjorde judar till en andra klassens medborgare och förbjöd äktenskap och sexuellt umgänge mellan judar och icke-judar. Därefter följde fler lagar som tvingade bort judar från ett ökande antal delar av det tyska samhället.

Källa: Saul Friedländer Tredje riket och judarna. Bilden från 1933. Fotograf okänd

SD antog i sitt program 1996 att man vill lägga ned invandrarverket och stoppa all invandring från ”*etniskt avlägsna kulturer*”. Som nämns på annan plats i denna bok, vill man att alla som kommit efter 1970 ska återvända till sina respektive länder, repatrieringen, oavsett om de blivit svenska medborgare eller inte. Och man kan som sagt till och med tänka sig att betala för det.

Denna linje styr och tillämpas fortfarande av dagens SD i dess politiska ställningstaganden även om det inte framgår lika tydlig i texten. Mycket bekräftas dock i det senaste principprogrammet.

Som tidigare nämnts vill SD skilja på ”*medborgarna*” och ”*folket*”. Att sammanblanda nationella kulturer, skriver SD i sitt principprogram, leder till ”*ett försämrat samhällsklimat med ökad rotlöshet, segregation, motsättningar, otrygghet och minskad välfärd som följd*”. Men vad detta också innebär, är att SD därmed förespråkar att invandrare och medlemmar i nationen inte ska beblandas. Som ovan nämnts, samma tongångar som i nazityskland.

I nazityskland var målet att skapa en auktoritär stat som var rasren och som skulle byggas på en blandning av gamla traditioner och tekniska nyheter. Den nazistiska propagandan lyfte fram ”*ariern*” som ett rasmässigt ideal. SD säger inte att svensken är överlägsen andra människor, men i motiven bakom, eller i de underliggande skälen till, skiljandet mellan medborgare och folket, ligger samma tongångar.

På samma sätt som nazisterna lyfter SD kontinuerligt fram negativa beskrivningar av andra folk. På samma sätt som nazisternas negativa beskrivning av juden, som representerade det osunda och det onormala. Judarna framställdes som fiender till den tyska staten och det tyska folket. Från SD:s sida framställs invandrare som ett hot mot den svenska homogena sammansättningen och därför måste man motverka det mångetniska samhället. Steg för steg skilde nazisterna judarna från övriga tyskar. Till slut skildes de från sin mänskliga identitet, avhumaniserades och förintades. Intentioner som även SD har.

Att Sverige består av en ”*homogen befolkningssammansättning*” är en uppfattning som är vetenskapligt emotsagd. En myt. Sveriges befolkning består av en blandning av invandrare genom historien. DNA-forskningen visar detta tydligt.

Olika invandringar har skett genom alla tider och den nuvarande svenska befolkningen är ett stort konglomerat av människor från olika håll. Någon homogen svensk befolkning finns inte, och har aldrig funnits, konstaterar forskningen.

Detta är tvärs emot vad SD påstår, men anmärkningsvärt nog har de flesta övriga partier låtit sig dras in i SD:s styrning av debatten.

Påståendet de för fram om att den ökande invandringen är skadlig för Sverige som nation, att den hotar vår kultur, vårt sätt att leva och att den bildar grogrund för allsköns negativ utveckling av samhället, kommer, utifrån vetenskaplig forskning, på skam.

Källa: imgur.com/iHFc98

Istället ger en bred internationell forskning en helt annan bild. Resultatet av dessa sociologiska såväl som statsvetenskapliga forskningsresultat visar att när koncentrationen av invandring ökar, blir också attityderna mer positiva.

Tanken eller idén om rasskillnader, och som SD mer eller mindre fördolt ställer sig bakom, och som används som medel för att skapa åtskillnader mellan människor genom deras yttre egenskaper som t.ex. hudfärg, alltså biologiska olikheter, skulle enligt denna tanke vara kopplat till olika ”*rasers*” egenskaper. Under historiens gång har denna idé varit en starkt bärande grund för rasism.

Det är också denna grund som SD vilar hela sin idé om villkoren för ”*medlemmar i nationen*” på och vilka som inte kan tillhöra denna grupp.

Nazisterna fick sin grogrund genom att skylla på att det var judarna som var orsak till att det dåvarande Tyskland var ekonomiskt instabilt och att människor hade sociala och ekonomiska problem.

På samma sätt använder SD den politiska rasismen, och då främst invandringen, för att skaffa sig legitimitet och öka sin storlek. Syftet är dock, och har hela tiden varit, ett etniskt rent Sverige.

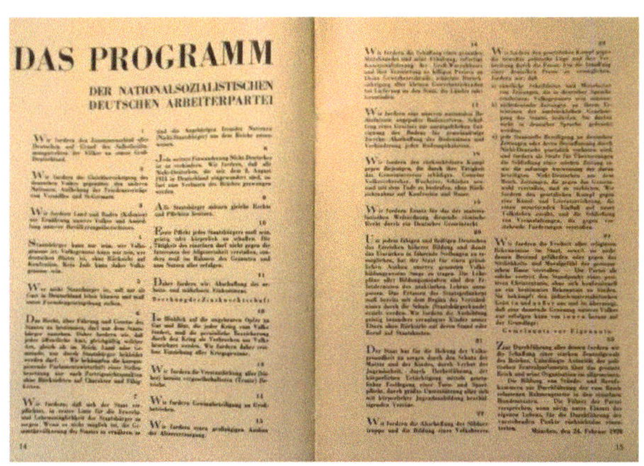
DAS PROGRAMM

DER NATIONALSOZIALISTISCHEN DEUTSCHEN ARBEITERPARTEI

NSDAP:S program 1939. Källa: Betgghe, Herman

Denna linje har SD, trots språkliga förändringar från ras till "*mänsklig essens*", hela tiden drivit gentemot invandring. De har i konsekvens med detta också uttalat sig kring sin syn på judar, samer, romer och andra folkgrupper som varande icke-svenskar. I flera olika tal och skrifter, intervjuer och uttalanden lyfter den styrande kvartetten Åkesson, Söder, Jomshof och Karlsson fram denna linje.

I principprogrammet skriver de att "*invandringen måste hållas på en sådan nivå och vara av en sådan karaktär att den inte utgör ett hot mot vår nationella identitet*". I partiprogrammet från 1996 stod det att invandrare som kommit till Sverige efter 1970 skulle "*repatrieras*", dvs. återföras till sina hemländer, oavsett om de blivit svenska medborgare eller inte, och även om de gift sig med en svensk.

Motsvarande åsikter, och i vissa fall tydligare skrivna, finns som sagt i flera länder runt om i dagens Europa, t.ex. i Ungern. Och på lokalt plan agerar lokala SD-representanter bl.a. genom att skriva, som i en motion i Karlskoga, att de kräver att all invandring av araber och afrikaner till Sverige stoppas.

I Vimmerby lämnade SD en motion om att helt stoppa invandringen till kommunen (2017), SD i Flen lämnade samma motion 2015 och i flera kommuner har SD motionerat om invandringspaus

De flesta är överens om att vi har olika typer av problem med invandringen och integrationen, men SD använder "*hotet från invandringen*" som ett medel för att nå makten så att man kan förändra Sverige till den nation man har som mål. Och i detta Sverige är inga invandrare välkomna.

Vi måste vara medvetna om att i det fall SD får makten i vårt land blir det en kraftig demokratisk vändpunkt för Sverige. Redan idag finns åsikter om att ”*SD är inget hot mot vår syn på mänskliga rättigheter*” utan att ha i minnet vad de faktiskt står för och vilket samhälle de egentligen vill åstadkomma.

En fråga här är på vilket sätt eller snarare hur de invandrare som idag finns i Sverige kommer att förhålla sig. Kommer de att förhålla sig lugna trots det hot som SD:s politik innebär gentemot dem? Kommer de att lugnt luta sig tillbaka och förlita sig på att de inte kommer att behandlas annorlunda, bryskt eller bli förpassade ut ur Sverige?

Vi har idag flera olika organisationer som representerar olika invandrargrupper. Vilken hänsyn kommer SD att ta till deras förfrågningar, yttranden och spörsmål angående de förändrade rättigheterna i Sverige? Hur kommer SD:s, när de har genomfört överflyttningen av invandrarfrågor från Migrationsverket till polisen, uppmaningar och order till polisen att se ut visavi t.ex. invandrade personer efter 1970? Och hur kommer sådana partier som Moderaterna och Kristdemokraterna agera i detta sammanhang?

Källa: slutpixlat.se

SD:s mål att stoppa invandringen är "bara" ett verktyg, ett första steg för nå sitt mål att skapa ett etniskt rent Sverige, nästa steg är att inrätta "*medborgarskap*" respektive "*folkstyre*", dvs att skilja på människor och människor. De tredje steget är att frånta "*medborgarna*" deras möjligheter att påverka svensk politik och så småningom utesluta dessa ur nationen Sverige. Tongångarna från kallt 1930-tal känns igen.

I flera olika tal lyfter Åkesson, Söder, Jomshof och Karlsson fram denna linje, sammantaget får inte invandringen vara ett ”*hot mot vår nationella identitet*”. Likaså skrev Kent Ekeroth i en motion till Riksdagen i december 2013 att ”*kultur och värderingar inte försvinner bara för att någon erhållit ett medborgarskap*”. Motsvarande åsikter, och i vissa fall tydligare skrivna, finns i flera länder runt om i dagens Europa.

Victor Orbán, premiärminister Ungern
Foto: Panoramic International/C. Licoppe

Viktor Orbàn, Ungerns president, formulerade det som ”*Vi har något att förlora, det är därför vi behöver skydda gränserna och därför borde vi inte tillåta migranter. Om vi tillät det och därmed lät andra besluta om oss, kommer de att förstöra allt. Migration är den rost som långsamt men säkert skulle sluka vårt land. För det första, ekonomiskt, för om vi måste spendera pengarna på invandrare, blir det inte möjligt att stödja familjer och betala pensioner. Då skulle invandraren konsumera säkerheten i vardagen och till slut vår kultur. Det är därför som försvar av landet och att bekämpa migration är våra viktigaste budskap*".

I konsekvens med sina grundläggande åsikter, krävde också följdriktigt SD i sitt program 1994 att alla som kommit efter 1970 ska återvända till sina respektive länder, oavsett om de blivit svenska medborgare eller inte. I SD-kuriren 1994 skrev de t.o.m. att "*varenda muslim [kan] packa sin väska och resa hem.*"

Under nazisternas tid under början av 1930-talet i Tyskland, och då främst efter det att Hitler tillträtt som kansler, fanns det inom och ibland utanför NSDAP härdar av orubblig antisemitism, kraftiga nog att befordra och ge spridning åt inflytandet från Hitlers egna utspel. Men bland de traditionella eliterna och inom befolkningens bredare lager möttes den anti-judiska hållningen mer med tyst samtycke eller olika grader av foglighet. Man var bland befolkningen med-veten om de allt hårdare åtgärder som vidtogs mot judarna men man tog inte avstånd mer än på några få håll. Och detta kan sammanfattas som resultatet av en noggrann, oförsonlig och enveten propaganda väl ge-nomförd av NSDAP.

Källa: Arkivbild/SD

SD har svårt att skilja mellan religion och statssystem. De menar att islam såväl som judendomen och andra religioner egentligen är politiska system som hotar det svenska samhället.

Att det finns fundamentalister inom alla religioner vet vi, men att generalisera så som SD gör med syftet att skapa oro och bygga en argumentation, samt dra med andra politiska partier och enskilda individer i denna, är inte en tillfällighet. Det hjälper till att skapa misstro mot det liberala samhället och ett sug efter "*den starke ledaren*" som snabbt och effektivt rättar till det hela. Därför också talet om trygghet och sammanhållning.

Detta är samma metod som nazisterna använde från mitten av 1920-talet och framåt mot judarna. Deras främsta officiella vapen var *Der Stürmer*, NSDAP:s partiorgan. I nr 22 från 1927 skriver de att "*om en jude i Tyskland påstår att han är tysk så ljuger han… I Tyskland påstår juden att han är tysk, i England att han är Engelsk, i USA att han är amerikan men… judens statstillhörighet är judendomen. Judendomen är ett politiskt system och en ras, inte en religion och därför strävar juden att ta över, och störta de konkurrerande samhällsystemen i en stat och judefiera staten*". Denna typ av argumentation kommer igen i SD:s principprogram, om än något mer sofistikerat.

Den kampanj som SD drivit sedan flera år är uppbyggd på samma sätt, och har dragit med sig flera partier i retoriken kring invandringsfrågor just på SD:s villkor. De andra partierna har haft svårt att stå emot eller lyckats driva frågorna efter sina villkor. Olika typer av ageranden har visat sig, som att inte ta debatten med SD.

Samtidigt ska observeras att i och med att andra partier i vårt land låter sig dras med i SD:s retorik gentemot invandringen, bekräftar man dess politik. Att minska flyktingmottagandet ger snarare ökad grogrund för rasismen i vårt land. Det kan vi dra lärdom av från andra närliggande länder.

Der Stürmer

Der Meineidsjude auf der Flucht

Die Juden sind unser Unglück!

Der Stürmer

Der Kampf gegen den Teufel

Die Juden sind unser Unglück!

Två exemplar av Der Stürmer, februari 1928 samt 11 september 1941

I samband med inlämnandet av allmänna motioner 2015 uttalar sig SD under rubriken "*En ansvarsfull invandringspolitik*" om sin "*nollvision för asylsökande*", dvs totalstopp för asylinvandringen. För de som ändå kommer ska det ställas hårda krav, den som inte har dokument som styrker identitet och visum ska omedelbart avvisas, oavsett skyddsskäl.

Den 20 mars 1983 antog organisationen Bevara Sverige Svenskt ett officiellt program. Bland punkterna fanns formuleringen att ”*Endast etniskt besläktade människor från kulturellt närstående länder ska principiellt kunna accepteras som invandrare i Sverige*". I bakgrunden ligger syftet med organisationen formulerad i tidningen BSS-nytt och dess redaktionsruta. Där står att "*BSS-nytt kommer att ge sitt stöd åt alla dem som stöder det svenska folkets kamp för att överleva som ett fritt folk, och kommer att bekämpa alla dem som vill förstöra vårt land genom en invandring som på sikt kan förinta det svenska folket.*"

Klistermärke, okänt datum. SD-arkivet, dekaler

Detta är än idag en av grundpelarna inom SD. I SD:s formuleringar heter det att man ska vara "*född eller i tidig ålder adopterad till Sverige av svensktalande föräldrar med svensk eller nordisk identitet*". Då kan man bli medlem i nationen Sverige. Kommer man från något annat av de nordiska länderna behöver man inte bli assimilerad, dock ställs krav på flera olika nivåer och punkter för att kunna bli medborgare, men man kan inte bli medlem i nationen Sverige.

I Hitlertyskland hette det under punkten 8 i NSDAP:s partiprogram att "*Varje vidare invandring av icketyskar ska förhindras*". Vi vet alla hur det gick.

Den nationalism SD står för är, kan man konstatera, en sammanblandning mellan etnisk nationalism och civil nationalism. I forskningen definierar man den etniska som "*en idé om en essens hos en människa från födseln som inte bara är individuell utan också en grupptillhörighet*", ett ordval eller en tanke som SD klart uttrycker i sitt principprogram. SD skriver att "*Det finns dock också en nedärvd essens hos varje människa som man inte kan undertrycka*".

Samtidigt försöker man på annan plats övertyga de intresserade om att man inte är en rasistisk organisation. De skriver att SD:s nationalismen "*är öppen och ickerasistisk*". De menar att deras nationalism inte är baserad på "*termer av historisk nationstillhörighet eller genetisk grupptillhörighet*". Ett påstående i principprogrammet och annan propaganda som är fullt av motsägelser och i sig är tvärtemot vad man påstår avseende t.ex. just mänsklig essens.

SD och folket

För att sammanfatta det som sägs i föregående avsnitt har SD ett idealistiskt syfte vars slutmål är att ”*få bort*” alla minoriteter – samer, judar, romer, invandrare med flera som medlemmar i den svenska nationen.

2011 ville partiledningen slipa ned allmänhetens motstånd mot partiet. Genom att sätta etiketten ”*social-konservativ*” framför ”*nationalistisk*” ville partiet bredda sin ideologiska bas och visa upp en mera humanistisk sida. Man genomförde en övergång från en nationalism baserad på etnicitet till en nationalism med fokus på kultur och införde begreppet ”*öppen svenskhet*” vilket ledde till att man fick fler röstande. Partiet ansåg därmed att man kunde hävda avstånd till en mer renodla biologisk rasism. Men – att byta ut ordet ”*ras*” mot orden ”*mänsklig essens*” gör ingen skillnad ur rasistisk synvinkel.

Oavsett skiftet från att prata om etnicitet till att prata om kultur ville man skapa verktyg vars ändamål är att kunna definiera vilka som är svenskar och därmed medlemmar i nationen eller "*folket*", vilka alltså ska höra hemma här, och utdefiniera vilka som är icke-svenskar, som tillhör andra nationer men ändå bor i Sverige, och som benämns "*medborgare*", och som egentligen inte hör hemma här. De tillhör en annan nation. "*Sverigedemokraterna skiljer på medborgarskap i den svenska staten och tillhörighet till den svenska nationen*" som de skriver i principprogrammet. De menar att det bästa för Sverige är att så många som möjligt "*också har en svensk identitet*".

Källa: Facebook/Centern.

Till yttermera visso förkastar SD den enkla och formalistiska synen som säger att alla med svenskt medborgarskap ska ses som svenskar. De anser att det krävs något mer för att vara svensk. Partiet talar som sagts ovan inte om ras i sin definition av svenskhet, men däremot villkoras svenskheten med flera identitetskriterier: ”*Som infödd svensk räknar vi den som är född eller i tidig ålder adopterad till Sverige av svensktalande föräldrar med svensk eller nordisk identitet*”, som partiet skriver i sitt principprogram.

Partiets ”*öppna svenskhet*” innebär att invandrare kan bli svenskar – om de uppfyller ett antal krav: ”*Som assimilerad till den svenska nationen räknar vi den med icke-svensk bakgrund som talar flytande svenska, uppfattar sig själv som svensk, lever i enlighet med den svenska kulturen, ser den svenska historien som sin egen och känner större lojalitet med den svenska nationen än med någon annan nation*”. Motsvarande krav ställs även på de som kommit till Sverige.

Den kulturella assimilering det här talas om avser den fullständiga process som innebär att en person eller etnisk grupp helt överger sin egen kultur och, i enlighet med de villkor SD ställer upp, anpassar sig till majoritetsbefolkningens kultur.

Tilläggas kan att SD i sitt 33-punktsprogram, som antogs så sent som på årsmötet 2005 om invandringen, ”*Restriktivitet i beviljande av svenskt medborgarskap*”, vilket stämmer väl överens med inställningen att de ska ställas flera olika krav på möjligheterna att bli medborgare.

Enligt SD:s krav måste man vara ”*född eller i tidig ålder adopterad till Sverige av svensktalande föräldrar med svensk eller nordisk identitet*”

Till detta läggs ytterligare krav som att ”*man varit bosatt i landet under en längre tid*” och att man ”*skaffat sig grundläggande kunskaper om svensk historia och svenskt samhällsliv*” samt slutligen ska man ”*inte kunna inneha annat medborgarskap utöver det svenska*”.

Vidare talar SD om assimilation, där de skriver att målsättningen är att invandrarna helt ska ”*överge sina ursprungliga kulturer och identiteter för att istället bli en del av den svenska nationen*".

Detta betyder också att en "*medlem av den svenska nationen*" ska rätta sig efter en dominerande svensk kultur. Invandrare som räknas som medborgare ska lämna sina gamla kulturer bakom sig för att uppgå i det svenska. Men eftersom den processen är svår, problemfylld och ibland omöjlig enligt SD – drar de, utifrån sitt perspektiv, den slutsatsen att invandringen måste minska drastiskt.

Människor som kommit till Sverige från t.ex. Afrika eller Asien eller Latinamerika, samt ju mer deras "*ursprungliga identitet och kultur skiljer sig ifrån den svenska nationens och ju större gruppen av invandrare är, desto svårare blir assimileringsprocessen*".

Talet om assimilation har förekommit tidigare i historien. I exempelvis Tyskland i slutet av 1700-talet där målet var att omskapa judar till en ny form av judar baserat på mänskligt ideal och vidare genom historien fram till och med nazismens ideologiska inställning till renrasighet.

Problemet med deras åtskillnad mellan ”*folk*” och ”*medborgare*” samt det ovetenskapliga uttrycket ”*essens*” som de definierar på sitt sätt, gör att invandrare som uppfyller alla dessa krav ändå bara kan bli just ”*medborgare*”.

Den som gifter sig med en utlänning ska tvingas betala 45 500 kr i straffavgift.

Sverigedemokraternas invandringspolitiska program

#SD2018

Källa: jämställdhetsfeminsitern.wordpress.com

I det fall SD hamnar i maktposition kan de utnyttja flera olika metoder. De kan motsätta sig att ”*folket*” har alltför många judiska kontakter, alltför många samiska kontakter eller alltför många arabiska kontakter. Har du det uppträder du som etnisk svensk enligt SD inte befrämjande för fosterlandet.

Likaså, eftersom man anser att polisen ska ta över Migrationsverkets uppgifter kopplat med att etniska främlingar som invandrat från avlägsna kulturer efter 1970 ska repatrieras, har de utrymme att fysiskt avvisa människor från andra länder med polisens hjälp, liksom att sätta dem i fängelse.

En av de frågor som SD drivit för att slå hål på motståndet mot deras synsätt i detta fall, är deras hårda satsning på tiggeriförbud, att fängsla och utvisa tiggare, vilka främst är romer. Och med hjälp av lokala partier har man drivit frågan så långt det går i svenskt rättsväsende. Vellinge kommun har genom beslut i Högsta Förvaltningsdomstolen fått tillstånd att införa tiggeriförbud. Intressant är att kommunens moderata kommunalråd säger att ”*Givetvis är jag nöjd med att det här går Vellinge kommuns väg*”. Och polisen har följdriktigt börjat avvisa tiggare i Vellinge.

Samtidigt har det visat sig att ett tiggeriförbud kan komma att innebära inskränkningar i flera grundläggande friheter. Samt konstaterandet att vi genom tiggeriförbud är inne på samma politiska väg som i Ryssland och deras populistiska förbud mot homosexualitet.

Detta är även samma beteende som skedde på 1930-talet av nazisterna, vilket är väl värt att minnas med tanke på hur det gick sedan. Då, i september 1933, drev de en hård kampanj i flera av landets tidningar med följande innehåll: ”*Stoppa tiggarplågan*”, ”*stoppa det organiserade tiggeriet*”, ”*yrkestiggarna är en plåga*”, tiggeriet var ett ”*organiserat, inkomstbringande yrke*”, tiggare och romer bedrog ”*sociala hjälporganisationer*” och städers ”*socialhjälp*”.

Under en vecka, mellan den 18:e och 25:e september 1933, lät nazisterna arrestera alla (!) Tysklands tiggare. Som ju dagens SD vill i vårt land. Och på 1930-talet var detta som bekant bara början. Under de närmaste åren, då nazisterna fått makten, arresterade och mördade de flera "*asociala*", förde dem till arbetsläger, och från 1938 sattes de i koncentrationsläger i större skala. Är det detta vi vill ska ske även i vårt land? En hel del känns ju igen från dagens SD-kampanjer.

Källa: Staatsarchiv Hamburg

Som tidigare påpekats skiljer SD på medlemmar i nationen, "*folket*", och "*medborgare*". SD vill förlänga tiden för att kunna ansöka om medborgarskap till tio år och detta ska inkludera en sorts medborgarskapskontrakt.

"Varje ansökan om svenskt medborgarskap ska kompletteras med uppvisande av en klanderfri vandel för tiden i Sverige". Dessutom ska, som jag tar upp på annan plats i denna bok, den *"sökande också bekräfta sin lojalitet med Sverige och förbinda sig att respektera svenska lagar och övriga samhällsregler genom att underteckna en särskild deklaration om detta"*.

Morgan Olofsson skriver i Aftonbladet att SD drar en gräns mellan de som *"tillhör den svenska nationen och den som bara har ett medborgarskap, mellan infödd och den som bara är assimilerad"*. Något som återfinns i SD:s principprogram likaväl som i partiprogram med flera platser.

Vidare påpekar SD i sitt principprogram att *"den egna nationen skall vara fri och suverän i förhållande till andra nationer"*, och på annan plats och i andra sammanhang säger man att samer med flera grupper tillhör andra nationer.

Konsekvensen blir därmed att dessa grupper avhänds inflytande över det land de lever och verkar i. De risker därmed att utsättas för etnisk rensning, en farlig tendens som till att börja med leder till att dessa blir ett "*andra klassens*" folk, "*gäster*" i vårt land. Ett steg på den vägen är den motion som SD lade fram för Riksdagen 2015 där man säger att man helt vill "*skrota den särskilda satsningen på den nationella minoriteten romer*".

Vidare kan SD genom sin praktiska politik gentemot företag som drivs av invandrare, med sin etniska grundsyn på olika sätt försvåra för dessa att driva sin verksamhet.

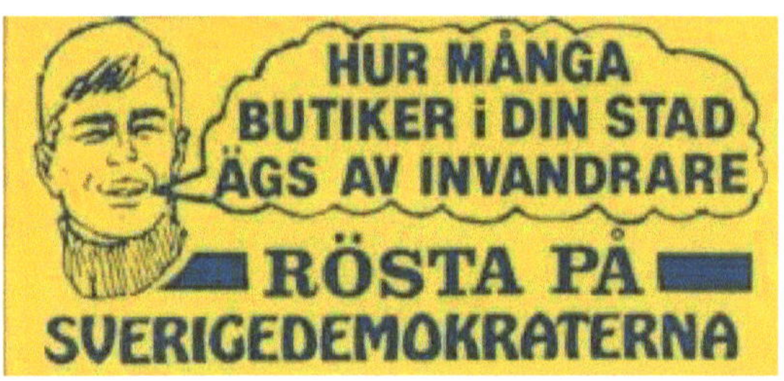

Källa: polimasaren.se/sverigedemokraterna

När det så gäller hets mot folkgrupper ska vi minnas den inställning SD står för avseende sådana som de inte betraktar som etniska svenskar. Hur ska SD agera när sådana rörelser som NMR får luftrum och agerar gentemot t.ex. judar? Kan vi lita på att SD stoppar dem? Kan vi utgå från att SD betraktar sådana ageranden som övergrepp? Jag har svårt att tro det med tanke på att det enbart blir polisen som ska agera avseende invandrare och att dessa enligt SD i sin maktposition infört att människor som muslimer, judar eller samer inte tillhör nationen Sverige.

Thomas Alm skrev i ett inlägg i DN 2018-06-01 angående repatriering att ”*Tonen i SD:s retorik tyder på krav om tvångsliknande åtgärder*”. Och detta kommer de att driva mycket hårt, eftersom i det fall de får makten har alla de verktyg som behövs. Tilläggas skall uttalanden från Karlsson (utan att Åkesson sagt något emot) om att samer inte är riktiga svenskar, att judar inte är svenskar m.m.

På ett torgmöte i Borlänge 1995 uttalar sig en ledande Sverigedemokrat att ”*Vi sverigedemokrater är ju som ett demokratiskt parti naturligtvis för religionsfrihet men i Sverige gäller religionsfriheten bara för svenskar….*”.

I ett svar till Kurdo Baksi i SD-bulletinen i november samma år, skriver Sverigedemokraterna att "*Man kan inte byta nationalitet, Kurdo Baksi. Inse att ni inte är och kommer aldrig att bli svenskar, lika lite som vi kan bli chilenare eller bolivianer bara för den händelse att vi eventuellt skulle bo i dessa länder några år. Nationalitet är medfött och har att göra med gemensamt språk, kultur och historia. Ni främlingar, har inte ett dugg med vår historia att göra. Folk och land hör nära samman. Vi Svenskar har sedan urminnes tider bebott detta land. Det är vårt och ingen annans.*"

Jag undrar hur länge det dröjer innan SD, i maktposition, kommer att sluta kännas vid de email, brev, besök och propåer som kommer att komma från olika organisationer som representerar minoriteterna i Sverige. Det blir inte så att dessa föreningar genom tålamod eller lugn väntan kommer att tas hänsyn till. Det stämmer ju inte med den grundläggande etniska syn som SD har.

I punkt 4 i NSDAP:s partiprogram som antogs den 24 februari 1921, anges att ”*Medborgare kan endast den bli, som är en del av folket*”. Hos SD heter det att man måste vara medlem i nationen för att bli en del av folket.

I samma partiprogram under punkten 6 anges att ”Rätten att bestämma över statens styrelse och statens lagar, tillkommer endast dess medborgare. Därför kräver vi att varje offentligt ämbete, oavsett karaktär, såväl i riket, i land som i kommun, ska förbehållas medborgare”.

Utvecklingen i enlighet med SD:s vilja och nationalistiska synsätt, är att bara medlemmar i nationen, dvs folket, ska kunna väljas in i riksdagen, och därmed ges rätt till offentliga anställningar. Människor ”*tillhörande andra nationer*” i enlighet med SD:s definition kommer att bli alltmer hindrade från att beträda offentliga ämbeten.

Under punkten 8 hittar man följande avseende invandring: ”*Varje vidare invandring av icketyskar ska förhindras. Vi kräver att samtliga icketyskar som sedan 2 augusti 1914 invandrat till Tyskland omgående ska tvingas lämna riket*”.

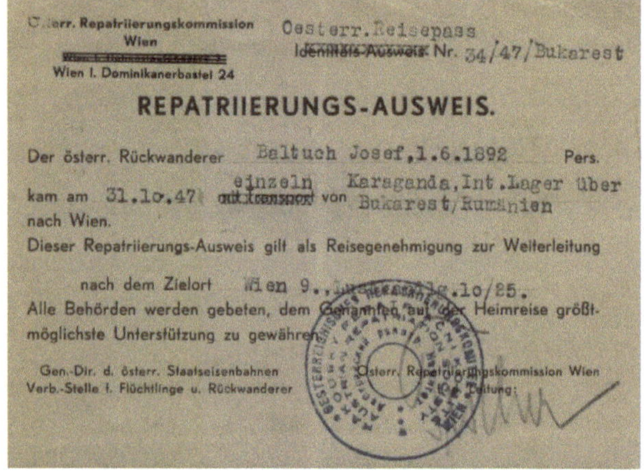

Österr. Repatriierungskommission
Wien
Wien I. Dominikanerbastei 24

Oesterr. Reisepass
Identitäts-Ausweis Nr. 34/47/Bukarest

REPATRIIERUNGS-AUSWEIS.

Der österr. Rückwanderer Baltuch Josef, 1.6.1892 Pers.
kam am 31.10.47 einzeln von Karaganda, Int. Lager über Bukarest/Rumänien
nach Wien.
Dieser Repatriierungs-Ausweis gilt als Reisegenehmigung zur Weiterleitung
nach dem Zielort Wien 9., [illegible] .10/25.
Alle Behörden werden gebeten, dem Genannten auf der Heimreise größtmöglichste Unterstützung zu gewähren.

Gen.-Dir. d. österr. Staatseisenbahnen
Verb.-Stelle f. Flüchtlinge u. Rückwanderer

Österr. Repatriierungskommission Wien
Die Leitung:

Källa: Vancouver Holocaust Education Center

Det är samma inriktning som SD tagit, och kallar den på samma sätt som förr repatriering, men med ett längre tidsspann än vad nazisterna gjorde 1921.

SD och nationen

Enligt SD räcker det således inte med medborgarskap för att räknas som medlem av nationen. Summerar man alla de krav som ställs på invandraren, och de slutsatser man kan dra om åtskillnaden mellan "*medborgare*" och "*folket*", kan inte slutsatsen angående rättigheterna att få rösta i allmänna val bli någon annan än att man som medborgare inte har möjlighet att rösta i riksdagsval och än mindre kandidera till riksdagen.

De är ju inte enligt SD, och vilket jag redogjort för på annan plats, en del av folket, alltså inte medlemmar i nationen Sverige. Enligt SD är statens viktigaste uppgift att verka för nationalismens genomförande, alltså fungera som ett medel för att stärka nationen Sverige.
Här talar man om "*förbrödring och nationell solidaritet, trygghet, hög moral och lag och ordning, nationalismen och stärkandet av samhörigheten på den nationella identitetens och den gemensamma kulturens och historiens grund*" vilket enligt SD är den sannolikt viktigaste funktionen för staten.

Trygghet, hög moral och lag och ordning menar SD att man når genom att utvisa alla invandrare som begår brott i Sverige. Förbrödring och nationell solidaritet nås genom lojalitetsavtal vilka om de bryts resulterar i att man inte längre får vara medlem i den svenska nationen. Hög moral nås genom att enbart acceptera det som i SD:s socialkonservativa synsätt betraktas som svensk kultur.

Källa Slutpixlat.se

Andra kulturer tillhör inte nationen och kan verka hotande mot nationen enligt SD. En förutsättning för detta menar SD är att omsätta *"en av konservatismens mest centrala uppgifter"* nämligen att *"slå vakt om välfun-*

gerande och djupt rotade gemenskaper. Nationen är enligt vår mening", skriver SD, *"vid sidan av familjen, det främsta exemplet på en sådan gemenskap"*.

Vilket betyder att de bygger sin tänkta ideologi på att vi historiskt hör samman och inte kan tänka oss invandring eftersom detta utgör ett hot mot och kommer att verka upplösande av den traditionella svenska kulturen och dess historia. Problemet är att vi genom alla tider haft invandring till vårt land.

SD är också motsägelsefulla i sitt principprogram när de argumenterar för att man *"definierar nationen i termer av kultur, språk, identitet och lojalitet"*. Man vill påskina att man inte använder termerna *"historisk nationstillhörighet"* eller *"genetisk grupptillhörighet"*.

Samtidigt ställer man, som tidigare nämnts, krav på *"född eller i tidig ålder adopterad till Sverige av svensktalande föräldrar med svensk eller nordisk identitet"* och för en diskussion på annan plats i samma dokument kring *"mänsklig essens"*, något som är ovetenskapligt grundat och som grundas på en terminologi som anknyter till 1920 och 30-talens rasbiologiska forskning, vilket tidigare påpekats.

Dessutom lämnar det spår för hur man anser att de minoriteter som idag lever och verkar i vårt land, ska behandlas. SD talar om andra nationer, vilket ju dessa enligt SD:s logik tillhör, och att de där ska ha samma rättigheter som nationen Sverige. Konsekvensen och logiken i detta resonemang innebär att dessa människor inte ska lägga sig i den svenska nationens inre angelägenheter.

SD bekräftar sin syn på minoriteternas tillhörighet till andra nationer genom att skriva att man inser *"att det i vissa fall är nödvändigt att låta en stat omfatta flera nationer"* och att dessa har *"hävdvunnen historisk rätt till det territorium de bebor"*.

Därför ska dessa enligt SD undantas från de allmänna assimileringssträvandena. Men så lägger de till att denna *"autonomi får dock inte i något avseende stå i mot-*

sats till allmänna rättsprinciper, grundläggande mänskliga rättigheter eller demokratiska principer", vilka ska gälla den svenska nationen.

Dvs, dessa minoriteter får inte hota den svenska nationens suveränitet så som SD beskriver den. Däremot ska de, i sina egna nationer, självklart ha samma rättigheter som medlemmarna eller "*folket*" i den svenska nationen. Enligt SD ska den svenska nationen vara fri och suverän i förhållande till andra nationer.

De låter påskina att de är "*universella*" i sin nationalism, dvs "*att var och en har rätt till också sin nationstillhörighet*". Men syftningen blir i konsekvens av deras logik den rakt motsatta. Som minoritet har man inte rätt till medlemskap i nationen Sverige, man tillhör ju per definition en annan nation, och som exempelvis muslim ska man nog inte ens ha rösträtt.

Idag finns det t.ex. mellan 20.000 – 60.000 samer i Sverige, vilka finns spridda över hela landet. Vilka konsekvenser SD:s resonemang leder till för de samer som bor i Stockholm kan man därmed spekulera i. Till yttermera visso, är man medlem i Sapmi, kommer från Norge och bor i Sverige, har man, följdriktigt enligt SD, inte rätt att vara medlem i den svenska nationen.

SD ser "*nationen som den viktigaste, äldsta och mest naturliga mänskliga gemenskapen efter familjen*". Vidare skriver de att "*Imperier, politiska grupperingar och andra övernationella gemenskaper har kommit och gått under det senaste årtusendet, men nationer som form för mänsklig gemenskap har bestått*".

Intressant är dock att det var först under Gustav Vasa som Sverige blev en nation, ett land. Och det var så sent som under 1500-talet. Innan dess var det strider och maktkamper med olika syftning och innebörd och mellan olika kungar från olika delar av det dåvarande Norden.

De kungar som fanns innan Gustav Vasa regerade inte över landet Sverige, det fanns inget Sverige som nation i SD:s mening innan dess. Innan dess var det Svea rike som omfattade nuvarande mellersta Sverige, sedan tillkom götarna på 1100-talet och dessa båda gick in i den nordiska Kalmarunionen 1397. Gränserna i norr (nuvarande Norrland) fanns inte eller var otydliga långt fram i tiden.

SD skiljer på medborgarskap i den svenska staten och tillhörighet till den svenska nationen. Denna åtskillnad är betydande. För de som håller fast vid sin gamla kultur och lojalitet till hemlandet – om ens bara delvis – har enligt SD inget i nationen Sverige att göra.

För SD är medborgarskap särskilt känsligt. I sitt principprogram från 2011 skriver man att den ”*som är svensk medborgare skall inte kunna inneha annat medborgarskap utöver det svenska och endast svenska medborgare skall ha rösträtt i allmänna val*”.

Åkesson sa i ett tal att principen om medborgarskap inte gäller nordbor, som svar på en debatt om finlandssvenskar. Dels är detta ytterligare en bekräftelse på hur man definierar begreppet ”*medborgarskap*” men samtidigt är det ju så att finlandssvenskar är vad man kallar den svenskspråkiga minoriteten - i Finland.

Så Åkesson använde då istället den undantagsregel som man kan tänkas tillämpa för människor med norska, danska, finska och isländska medborgarskap och som bor i Sverige idag. De ska ju inte enligt partiet beröras av assimileringssträvandena. Men de får samtidigt inte vara medlemmar i den svenska nationen, tillhöra "*folket*" eller hota den svenska nationens suveränitet.

I en notering som SD gör i sitt principprogram – "*Sverigedemokraterna skiljer på medborgarskap i den svenska staten och tillhörighet till den svenska nationen, men anser samtidigt att alla medborgare oavsett nationstillhörighet skall vara lika inför lagen och ha samma rättigheter och skyldigheter.*" – ser man motsägelser och motstridig information om deras ställningstagande.

Samtidigt som man tillerkänner att alla medborgare ska ha samma rättigheter och skyldigheter, har man som medborgare inte rätt att rösta eller kandidera till riksdagen. Än mindre har de som tillhör andra nationer – som samer och muslimer – denna rättighet.

Återkopplar vi till SD:s tal om att repatriera människor som inte har sitt ursprung i nationen Sverige och som kommit till Sverige efter 1970, blir resultatet dessutom att, utifrån tillämpningen av SD:s ideologi, det blir som allra mest medborgarskap och inte medlemskap i nationen Sverige även för polska, tyska, brittiska, chilenska, jugoslaver eller för syrianer, iranier och somalier. Och att flera av dessa grupper ska repatrieras.

Under åren efter 1973 blev chilenska flyktingar de första kvotflyktingarna i Sverige på grund av krisen i Chile och den svåra politiska situationen. 2014 bodde lite drygt 28.000 personer födda i Chile i Sverige. Ska dessa repatrieras?

SD och staten

Den primära uppgiften för staten enligt SD är att förverkliga nationens intressen och mål. Man "*anser att staten är nödvändig för att på ett effektivt sätt kunna administrera nationens inre liv, upprätthålla goda relationer med omvärlden och i kraft av sitt våldsmonopol skydda nationen mot inre och yttre hot.* "

Ingången visar tydligt att, i det fall SD kommer till makten, betraktar de staten som ett instrument för att förverkliga sina nationalistiska intentioner, "*implementerar endast nationens vilja*". Vi har tidigare kommit fram till att det enbart är medlemmarna av nationen, det som SD kallar "*folket*", som har möjlighet att påverka utvecklingen dock sedan de uttryckt sin lojalitet gentemot nationen, observera alltså inte gentemot staten.

Därmed leder formuleringarna "*att administrera nationens inre liv*" och "*nationens vilja*" i SD:s värld till konsekvensen att t.ex. rättsväsendet ska styras av nationen. Dvs inte ska fungera som en politiskt oberoende instans som i dagens Sverige.

Denna viljeyttring från SD är en farlig och faktiskt fascistiskt ideologisk viljeyttring. Densamma som Orbàn använder i Ungern eller vad som beslutats i Polen. I Ungern sker en allt större sammansmältning av parti och statsapparat. Som tidigare nämnts är Ungerns politiska utveckling något som SD länge lyft fram som förebild.

Källa: SD-kuriren juni 2015

Samma utveckling sker också i Polen där *Prawo i Sprawiedliwość*, PIS, (Lag och Rättvisa), ett nationalkonservativt parti. De förespråkar dödstraff, motsätter sig abort och homosexuella partnerskap. De har sedan 2015 absolut majoritet i Sejmen, motsvarigheten till vår Riksdag, och är ett systerparti till SD.

Som exempel på hur PIS går tillväga när staten tar över rollen som den instans som ska förverkliga nationens intressen, ger jag nedan en bild av hur rättssystemet i Polen politiskt förändrats.

I de flesta länder i Europa är det domare och inte politiker som har till uppgift att nominera och avveckla domare. Man har med detta och på andra sätt sökt värna om domstolarnas oberoende. Så har också tidigare varit fallet i Polen.

Efter lagändringar genomdrivna av PIS, har dock numera justitieministern fått rollen som riksåklagare, vilket därmed ger honom rätt att avskeda och tillsätta domare på lokal och regional nivå samt fungera som chef över samtliga åklagare i landet.

Dessutom har denna politiskt tillsatta och juridiskt högst ansvarige person i Polen, rätt att konkret t.ex. per telefon ge order om vem som ska arresteras, anses misstänkt och vem som ska åtalas.

Han har också rätt att ge polisen och andra myndigheter order om att genomföra provokationer mot utvalda personer, observera och avlyssna dem samt kartlägga deras telefon- och internetkommunikation.

Man har också förändrat tillsättande av domare i Nationella domstolsrådet så, att det är parlamentet som nu ska tillsätta dem, inte som tidigare av andra domare. Dess uppgift är att föreslå domare till allmänna domstolar. Dessa lagändringar har lett till kraftig kritik från EU där kommissionen varnar Polen för att man bryter mot unionens demokratiska principer och grundläggande värden.

Men SD har flera gånger försökt stoppa EU-kommissionens åtgärder mot Polen när man där undergräver rättsväsendet. Det är menar SD, nationella angelägenheter som vi inte ska lägga oss i. SD försvarar indirekt sin egen politiska hållning, och förebådar om vad man vill åstadkomma i Sverige.

Andra förändringar i Polen är införandet av två nya lagar som i praktiken stärker politikens makt över massmedia. Här har finansministern fått ansvaret för att utse och avskeda cheferna för de statliga radio- och TV-bolagen.

Dessutom har man avskedat samtliga journalister inom Polens public service. Något som Erik Almqvist hyllar och som SD mycket väl kan tänka sig genomdriva om de kommer till makten.

Det är intressant att samtidigt notera att SD i EU också bytt grupp och tillhör numera samma grupp som PIS finns i.

Utifrån erfarenhet från vår omvärld och vårt eget lands historia drar Sverigedemokraterna slutsatsen att centrala samhällsfunktioner såsom rättsväsende, försvar och väsentliga delar av vår infrastruktur bör stå under statlig kontroll liksom att bevarandet av kulturarvet

Källa: SD:s Principprogram. Avsnitt 6 sid 17.

Av ovanstående utdrag ur principprogrammet kopplat med SD:s inställning att det är staten som ska verkställa nationens, dvs politikens och då i detta fall SD:s politik om de får makten i landet, blir konsekvenserna följande.

Som i Polen och i Ungern kommer rättsväsendet att styras politiskt, liksom kulturarvet vilket kontrasterar mot den situation vi har idag. Som berörts under avsnittet om regeringsformen kommer t.ex. samernas möjligheter att tydligt begränsas. Enligt SD är de en annan nation

Effekterna i vårt eget land, mot bakgrund av att SD anser att statens funktion är att omsätta nationens intressen i lagstiftning och praktisk handling, och där nationen är detsamma med Sverigedemokraternas framtida samhälle, blir förödande ur demokratisk synvinkel.

Vidare, som tidigare konstaterats, ges inte dagens minoriteter i vårt land några möjligheter att påverka hur staten använder de verktyg SD målar upp, och därmed kan dessa också utsättas för godtycklig hantering. Detta gäller ju även de invandrare som finns i Sverige idag.

Vidare ges statens verktyg, i t.ex. form av polisväsendet, i uppdrag att avvisa eller fängsla de som inte passar in i det nationalistiska Sverige. Människor som t.ex. inte har avlagt sin lojalitetsförklaring, och som i SD:s ögon hotar den historiska samhörigheten och kulturen. Staten ges, enligt SD därmed en avgörande roll avseende vilka som ska repatrieras, vilka som ska avvisas och vilka som ska accepteras som medlemmar i nationen.

Eftersom staten därmed utgör ett verktyg för nationen ges även rättsväsendet en avgörande roll, eftersom det, enligt SD, ska "*stå under statlig kontroll*". Likheterna med Polens utveckling är påfallande. Och i praktiken ges rättsväsendet samma roll i SD:s Sverige som det gavs i nazisternas Tyskland. Den utveckling som Polen idag är på väg mot och som Orbán i Ungern anser vara den rätta.

Källa: Alik Keplicz

Jag har på annan plats berört SD:s beskrivning av sig själva som socialkonservativt och nationalistiskt, att kulturer i SD:s samhälle inte får blandas och att det samhälle man vill bygga strider mot vad vi idag uppfattar som demokratiskt. Ett samhälle som det tagit många många år att bygga.

I SD:s värld kommer varje enskild människa att direkt beröras av vad den centrala politiska ledningen anser. Inte enbart när det gäller vem och varför någon ska anklagas och dömas, vad som ska förmedlas i massmedia och vilka som ska ha rätt att påverka samhällsutvecklingen. Abortförbudet är bara ett exempel på inskränkningarna som genomförs i Polen.

SD:s förebild Ungern har Victor Orbán och hans parti Fidesz kommit en bit på väg, Polen med Jaroslaw Kaszyński har påbörjat samma resa.

En annan kärnuppgift som SD lyfter fram för staten är *"värnandet av nationens historiska arv och kulturella särart"*. I SD:s rollfördelning samt synen på medlemskapet i nationen Sverige, innebär det att staten inte kommer att ta hänsyn till eller ha som sin uppgift att, som det står i dagens grundlag, främja minoriteternas egen kultur. Minoriteterna tillhör ju, enligt SD, en annan nation.

Jag återkommer till kulturen och dess roll i SD:s samhällsbygge på annan plats i denna bok.

Vidare kan man utifrån vad SD skriver i sitt principprogram, konstatera att staten inte heller har som sin uppgift att garantera säkerheten för de som inte lyckas svara upp mot samtliga de krav som ställs för att bli medborgare. Konsekvensen av detta blir att de, förutom att de dessutom tillhör en annan nation, blir godtyckligt hanterade.

SD brukar försvara sig med att de har alla rättigheter som tillskrivs dem, men i sin egen nation. Dock finns flera olika minoriteter redan i Sverige, plus ett stort antal invandrare och samtliga dessa kommer att beröras av hur SD anser att staten ska hantera denna sin roll.

Utgångspunkterna som ovan berörts ger förhanden på vilket sätt staten kan komma att hantera dessa människor och därmed, genom statsapparatens tillämpning av de beslut som nationen fattar, konsekvenser som mycket väl påminner om den politik som förs i Ungern och Polen.

SD och kulturen

Nedan lyfts särskilt fram det område som Sverigedemokraterna alltmer börjat inrikta sitt arbete på. De har, som andra högerpopulistiska organisationer, riktat in sig på att använda kulturen som en tung plattform för att få igenom sin politik.

I botten ligger strävan efter det etniskt homogena samhället. Och en av grunderna för att gynna utvecklingen mot det samhälle de vill ha att är att via ageranden inom kulturen ska nationen via staten stötta "*enbart konst och musik som befrämjar 'fosterlandskärlek' ska få statligt stöd*".

Mångkulturalism, alltså att förespråka och möjliggöra ett mångkulturellt samhälle, är därför en skadlig politik, enligt SD. Samhället gör fel när invandrargrupper får hjälp att behålla sina kulturer och identiteter.

I sin strävan att nå ett etniskt rent samhälle kommer s.k. ickesvensk kultur, t.ex. producerad och skapad av samer, judar, asiater, eller ickesvensk musik, konst, teater med mera inte att passa in i det etniska Sverige. Det kommer inte, helt i enlighet med SD:s linje, att befrämja fosterlandskärleken.

> **"Att genom hjärntvätt utrota det naiva och snälla svenska bondefolket** och deras kultur bör kanske likställas med ett framgångsrikt folkmord. Kanske bör dom skyldiga, till exempel **Forum för levande historia, dömas för brott mot folkrätten i en ny Nürnberg-rättegång."**

Källa: Granskning Sverige, Youtube.com, radio

SD:s slutsats blir därför att de inte skall ha statligt ekonomiskt stöd. Det innebär dessutom att de som praktiserar kulturen i denna del, riskerar att överhuvudtaget inte kunna leva på eller utveckla eller ens förmedla denna kultur.

Det ovan redovisade kan sedan ta sig en oroväckande och makaber utveckling. Hur ska SD, till följd av sitt synsätt och vid praktiserandet av sin politik, hantera musik, konst och litteratur författade av icke etniskt godkända svenskar? Och – vem/vilka ska fungera som "domare" över vilka som ska godkännas och vilka som inte ska godkännas?

Vi har idag framstående kulturarbetare inom flera olika verksamheter från bland annat minoriteter. I enlighet med SD:s övergripande politik och dess tillämpning visavi nationsbegreppet och kulturen blir effekten den att enbart framhäva av nationen Sverige godkänd kultur, att kultur från andra nationer inte ska gynnas eller tillåtas påverka nationell kultur samt att stöd för alla former av kultur som inte befrämjar fosterlandet ska strykas ur statens budget.

Krav ställs även på att enbart svenska konstnärer ska gynnas. Ett lite historiskt exempel visar hur man praktiskt gick tillväga för att omsätta precis den politik som SD nu förespråkar. Vid firandet av 100-årsminnet 1933 av Brahms i Hamburg, angav man att Hitler skulle vara beredd att bli evenemangets beskyddare.

Dock villkoret var att alla judiska artister skulle strykas ur programmet. Vidare skulle medlemmarna i en litterär sektion i akademien bevisa sin rätta nationella hållning genom att underteckna en lojalitetsförklaring. Samma krav som SD ställer idag avseende lojalitetskrav.

I Region Stockholms budget för 2019 skriver SD: *"Vår svenska kultur är en del av den svenska identiteten, historien och vardagen. Kulturen omfattar verk i flertal former utformade av personer med tillhörighet till den svenska nationen. Dessa verk finns samlade i det breda spektrum som innefattar konsten som vi ärver från våra förfäder och den musiken, litteraturen, filmen, klädseln och inte minst sederna och högtiderna som är unika för vårt land. Den svenska kulturen som ligger till grund för den svenska identiteten ska värnas, bevaras, förädlas och ska utgöra grunden för en nationell samanhållning*".

De föreslår att *"ineffektiva eller missriktade bidrag slopas*" med syftning på det som ligger utanför *"Vår svenska kultur [som] är en del av den svenska identiteten*". De argumenterar för att *kulturarvet inte ska vara ett "redskap för mångkulturalistiska eller kulturrelativistiska teorier".*

MÅNADENS LANDSFÖRRÄDARE

Hans Alfredson har förtjänat utnämningen genom sin senaste utställning "Från Kåldolmar till kunglig'heter" på Skansen i Stockholm. Idén kommer ifrån Hans Alfredson själv och han motiverar sitt beslut med att "Skansen skall inte bara visa det svenska, utan också det som invandrarna tagit hit"

Hans Alfredsons vapendragare, den grekiske landsförrädaren och kommunisten Theodor Kallifatides fick äran att klippa av bandet när utställningen invigdes. Och det var självklart inget blågult band utan ett ljusgult, lila och pistagegrönt!!!

Hans Alfredsons agerande strider helt mot grundaren Artur Hazelius intentioner. USCH! Hans Alfredson, du förtjänar verkligen titeln: ***MÅNADENS LANDSFÖRRÄDARE!***

Källa: SD-kuriren nr 18 1992

Och som verktyg för att åstadkomma en inriktning mot enbart nationalistisk kultur vill de i Region Stockholm utveckla stöd för enbart svenska konstnärer. Vidare föreslår man en kulturkanon i likhet med den som togs fram i Danmark hösten 2004, lanserad av den dåvarande kulturministern Brian Mikkelsen, långt ut på högerkanten.

På riksplanet har SD markerat sin linje i bland annat motionerna vid allmänna motionstiden 2015. T.ex. vill man skära ordentligt i eller helt ta bort bidrag till allmän kulturverksamhet, kulturutveckling samt internationellt kulturutbyte och samarbete, bidrag till regional kulturverksamhet, bidrag till litteratur och kulturtidskrifter, bidrag till Statens konstråd, ersättningar och bidrag till konstnärer, bidrag till nationell och internationell ungdomsverksamhet.

Men redan i motionen 2013/14: Kr302, föreslår de i sin första punkt att ”*avveckla den mångkulturalistiska kulturpolitiken*”, och i samband med detta vill de avveckla stödet ”*till Världskulturmuséet, Mångkulturellt centrum, mångkulturkonsulenterna, litteraturstödet till böcker på invandrarspråk och bidraget till etniska organisationer*”.

I samma motion talar de också om ett ökat stöd till sametinget och dess kulturbudget samt till att sametinget ska få ett ökat inflytande över hur medlen ska användas. De har också i andra motioner ställt sig bakom stöd till samerna på olika sätt, vilket i sig är intressant. Men perspektivet är stöd från en nation till en annan.

"Jag tror inte att man behöver vara orolig som vanlig medlem, om man bara använder det sunda förnuftet och försöker att inte kontinuerligt lyfta fram rasistiska, nazistiska, antidemokratiska idéer, tankar, artiklar och så vidare"
Mattias Karlsson, gruppledare (SD)

"Tyvärr måste man lägga band på sig själv. Jag kan tycka att det är lite odemokratiskt men det är så verkligheten ser ut".
Richard Jomshof, partisekreterare (SD)

#SD2018

Källa: Jämställdhetsfeministerns blogg, 4 september 2018

De anför i principprogrammet att vi har "*likheterna i levnadsbetingelser och årtusenden av nära och naturliga relationer*" med de övriga nordiska länderna. Men när annan kultur som "*inympas i det svenska samhället av makthavare eller grupper*" är det enligt SD fråga om "*kulturimperialism*".

Det som SD säger sig primärt inrikta sig på är "*kärnan i den svenska kulturen*", men "*att en viss företeelse är att betrakta som svensk är i sig inte nog för att vi skall anse den vara särskilt skyddsvärd*". Sedan talar man om att kulturen och kulturarvet i samhället fungerar som ett sammanhållande kitt, och definierar kulturens roll i samhället som att det skapar och bygger på "*gemensamma normer och värderingar, kollektiva minnen, gemensamma myter, gemensamma högtider och traditioner, gemensamma seder och bruk*".

Och här uppstår problemet i SD:s kulturpolitik. När detta skrivs, i februari 2019, firas nationaldagen i Sapmi. Talet om "*gemensamma myter*" kontra samernas historiska arv, som ju forskare anser kom till norra Skandinavien för åtminstone 9.000 år sedan, blir lite haltande för SD.

Däremot stämmer det för SD att olika folk och folkgrupper uppvisar olika kulturer och därmed också att det baserar sig på dessa folks egna identifikation. Konklusionen blir att SD inte kan se sig ha rätt att försöka ändra en annan nations kultur, man har, som de skriver, inte någon moralisk rätt till detta.

Och detta leder till att eftersom samerna enligt SD är medlemmar i en annan nation, kopplat med att i Sverige ska den egna nationen styra statens ageranden (enligt på annan plats redovisade logik hos SD) har inte SD rätt att styra samernas kultur, men – lika lite har enligt samma logik inte samerna rätt att få stöd av eller rätt att påverka Sveriges kultur.

Allt i enlighet med SD:s kulturpolitiska inställning.

Att verkställa förändringar ankommer inte på oss svenskar att göra, det måste dessa nationer själv göra, anser SD i enlighet med principprogrammet.

Tittar man tillbaka i tiden till 1930-talets Tyskland, var kulturen det område som icketyskar (och vänstersympatisörer) drevs bort ifrån i större mängd. Det är inte en slump att dagens SD använder kulturen som vapen i sin nationalistiska kamp.

Kungliga Musikaliska Akademien bjöd i februari 2018 in till ett samtal med rubriken ”*Den förbjudna musiken – musik som politik i nazityskland*”. Ingressen var konstaterandet att villkoren för musiker kraftigt förändrades vid Hitlers övertagande 1933. Judiska och andra regimkritiker uteställdes, det totalitära kulturlivet krävde inordning eftersom kulturen var en bärande maktfaktor i den nazistiska propagandan. Frågeställningarna var dels om musikerna hade några alternativ, dels om de förstod konsekvenserna av sitt vägval och den konstnärliga karriären kontra moralen.

Frågeställningar som blir allt mer aktuella utifrån SD:s framgångar och arbete med kulturen som ett av deras tyngsta vapen.

SD och respekten för individen

Den likriktning av samhället som olika extremistiska organisationer strävar efter rör politik, kultur, religion och andra områden. Grunden är att bara människor med vissa givna förutsättningar accepteras.

I SD:s fall gäller dessa, vilket jag på annan plats berört, sådana förutsättningar som att vara född i Sverige eller från norden ha adopterats av svensktalande föräldrar. Att man har en svensk identitet. Åtskillnaden mellan medlem i nationen och medborgare återkommer självfallet även här.

SD skriver inledningsvis i avsnittet om SD och människan i sitt principprogram att ”*Varje människa har ett grundläggande och okränkbart värde*”. Mot bakgrund av det jag tidigare diskuterat kring SD:s tillämpning av begreppen ”*medborgare*” och ”*folket*”, alltså medlem i nationen Sverige, blir det svårt att se hur SD tillämpar detta synsätt rent praktiskt vid tillämpningen av sin politik.

Några av de områden där SD har ett synsätt som påminner om gammalkonservativa inställningar är synen på abort, synen på kvinnans roll i samhället och synen på familjen. Faktorer som återspeglar eller fungerar som yttringar av synen på individen.

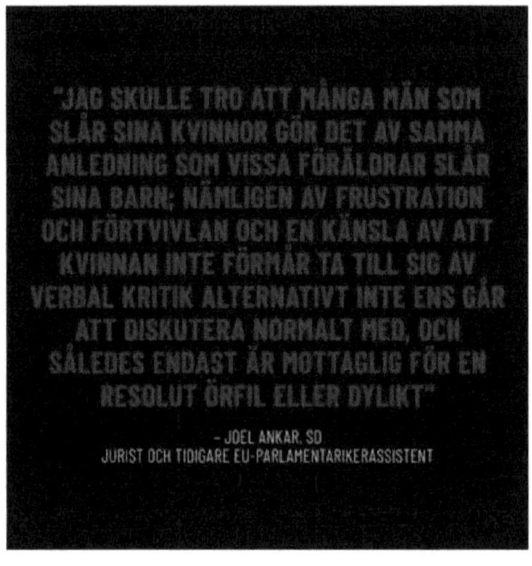

Källa: FridaJ ”Handmades taie=Sverige? 20 augusti 2018

Den nationalsocialistiska synen på det gifta paret är av tradition att kvinnan och mannen har skilda biologiska och själsliga förutsättningar. Mannen och kvinnan ska komplettera varandra istället för att ersätta. Varken dagens nazister och inte heller nazismen under 1930-

talet ansåg kvinnan mindre värd än mannen, hon har bara andra livsuppgifter.

SD har som utgångspunkt och skriver i sitt principprogram att "*det existerar medfödda skillnader mellan de flesta män och de flesta kvinnor som går bortom det som kan observeras med blotta ögat.*" Och man lägger till att "*de manliga och kvinnliga egenskaperna i många fall kompletterar varandra*".

Samtidigt tillägger de att "*alla barn bör ha rätt till både en mor och en far i sitt liv*". Barnet ska ha rätt till "*moders- och fadersgestalter*". Därmed anser de att ett kvinnligt gift par inte svarar upp mot dessa förutsättningar, lika lite som när det gäller ett manligt gift par.

I enlighet med fascismens ideologi är också SD vad man kallar socialdarwinister, dvs man betraktar tillvaron som en tävlan mellan individer, grupper eller folk vilka styr utvecklingen. Stödet till svaga i samhället leder enligt fascismen till att utvecklingen bromsas.

Fascismen ville forma ett starkt samhälle, SD talar om "*starka och trygga familjer*", "*starka lokalsamhällen*", "*stark medborgaranda*" "*starkt socialt kapital*" och "*stark gemensam identitet*". Degenererade element som homosexuella måste därför bort, SD accepterar inte HBTQ-människor.

BSS (Bevara Sverige Svenskt) skrev i sitt officiella program antaget 1983 att "*adoption av utländska barn ska förbjudas i lag*", *samt att "abortpolitiken ska bli restriktivare*". Ingen egentlig förändring har skett mellan BSS tid och de åsikter SD har idag beträffande abort.

I juni 2018 gjorde påve Franciskus ett uttalande med innebörden att han jämställde abort med nazismens rasprogram. Enligt SD ska aborträttigheterna begränsas kraftigt. De menar att i princip ska abort endast få ske efter våldtäkt eller om det finns medicinska skäl, de ska inte accepteras annat än vid "*situationer där abort är en nödvändig åtgärd. Graviditet som en följd av våldtäkt och medicinska skäl är exempel på goda skäl för att utföra en abort*".

Källa: FridaJ "Handmades taie=Sverige? 20 augusti 2018

Därefter följer en längre diskussion kring plikter och skyldigheter och man skriver att "*Den som inte uppfyller sina skyldigheter bör därför vara medveten om att denne därmed också kan förlora någon av sina rättigheter. Skyldigheten att följa demokratiskt stiftade lagar betraktar vi som central i sammanhanget.*" Dessa formuleringar mynnar ut i ett resonemang eller en slutsats.

Slutsatsen gäller formuleringen "*Skyldigheten att följa demokratiskt stiftade lagar*". I det fall SD skulle få majoritet i riskdagen skulle de självfallet ta, och det så snabbt som möjligt, alla möjligheter att införa de lagar som bär konsekvenserna av deras politik, och anföra att de är demokratiskt stiftade mot bakgrund av majoritet i riksdagen.

Vilka staten sedan som verktyg skulle användas för att genomföra. De lagar som då skulle gälla, och som det skulle ställas krav på att dels medborgarna och de som tillhör andra nationer skulle följa, och dels folket skulle följa, har bland annat att göra med det jag ovan redovisat kring att SD vill genomföra sin kulturpolitik, vad som händer när man inte uppfyller samtliga krav på medborgarskap och vilka begränsningar man har som medborgare.

I konsekvens med detta resonemang innebär det också att principprogrammets tal om "*Varje människa har ett grundläggande och okränkbart värde*" inte är detsamma som att varje människa har lika värde. Och det är en avgörande skillnad.

Talet om "*nedärvd essens*" tillsammans med formuleringar som att vi formas av vår omgivning och av "*vårt historiska, kulturella och sociala arv*" används av SD i syfte att understryka att vi inte är lika, att vi inte har samma värde och därmed att inte heller alla platsar som medborgare i den svenska nationen.

Och som en konsekvens av detta värderesonemang, eller snarare den smygande devalvering av människovärdet detta innebär, med underströmmar av förakt för svaghet och intolerans, följer osäkerhet och rädsla för att inte accepteras i nationen, att inte platsa i ledet. Därmed skapas också utrymme för mindre nogräknade grupper och organisationer, vilka vilar på samma grunduppfattning som SD, att agera – med SD:S goda minne. Och detta är en farlig och fascistisk utveckling.

Jag har även på andra platser i denna bok visat på diverse kopplingar till den fascism som också återfinns hos SD. Fascismen talar om nationens identitet, att samla folket under en stark stat med ett stolt historiskt arv, en gemensam historia och med hos individerna ingjutande av styrka, framtidstro och resning hos folket. Fascismen utgår också i sin grundteoretiska bas från staten som ska domineras av ett enda parti.

Vi kan även konstatera att SD genom sin syn på familjen och HBTQ-människor, i grunden är socialdarwinister. Deras syn på könsroller, kvinnas uppgift och mannens roll i samhället understödjer detta. Synsättet har sin grund och sina uttolkare i den italienska fascismens och den tyska nazismens tillämpning. De accepterar inte som nämnts inte ”*adoption för såväl ensamstående, som samkönade par och polyamorösa grupper*”.

Källa: Motargument 2018-08-18. Montage Daniel Garpebring

Det är enligt SD som sagt inte ”*förenligt med barnens bästa*”. Dessutom lägger de till att det är de religiösa församlingarna som ska avgöra vilka som ska få vigas.

Och slutligen när det gäller adoption vill man att möjligheterna att adoptera svenska barn ska ökas medan möjligheten att adoptera utomnordiska barn skall begränsas.

Detta får också konsekvenser för de som idag har samkönade äktenskap och som har barn, eller att ensamstående inte ska kunna adoptera. SD sätter stopp för detta och bland villkoren för att bli medlem i nationen, närmast då lojalitetsförklaringen, kan detta komma att skrivas in vilket medför att sådana par eller denna typ av adoption inte är i överensstämmelse med gällande lojalitet.

Det här återspeglar även hos flera betydande SD-profilers syn på HBTQ-människor. Flera uttalanden har genom åren gjorts av dessa kring t.ex. homosexualitet. SD har t.ex. på ett av sitt ungdomsförbunds årliga kongresser röstat nej till "*att förespråka homosexuellas rätt till borgerlig vigsel*".

Men det finns tydligare åsiktsbärare kring SD:s syn på homosexualitet, t.ex. ordföranden i Härryda som anser att homosexualitet är lika med avloppssex. Eller Björn Söder som liknar bi-, homo- och transpersoner med tidelag, att Pride-festivalerna är sjukliga jippon och utgör ett hyllande av perversioner och dekadens. Vidare har Jomshof sagt att transpersoner borde steriliseras.

Källa: #interasistmen 1 augusti 2013

Idag omsätts SD:s motstånd mot HBTQ-personers rättigheter i praktisk politik i kommuner, landsting och regioner. På flera håll går man emot Pridefestivalstöd, flaggning med regnbågsflaggor, bidrag till sådana organisationer som RFSL, HBTQ-certifiering med mera.

SD:s utveckling går samma väg som Ungerns, vilket jag tidigare nämnt i denna bok. SD ser upp till Ungern som ett föregångsland. Avslutningsvis har enligt CNN Polen de tuffaste lagarna i Europa:

> Poland is home to the toughest abortion laws in Europe. The procedure is only legal in three cases: if the pregnancy is the result of rape or incest, or if it endangers the life of the mother, or if the fetus is damaged. It is this third reason -- the most commonly cited -- that is the target of the latest proposals.
> By Eliza Mackintosh, CNN
> Updated 1831 GMT (0231 HKT) March 23, 2018

Källa: CNN, Eliza Mackintosh 2018-03-23

SD och kravet på lojalitet

Sverigedemokraterna utger sig för att vara ett "*socialkonservativt parti med nationalistisk grundsyn*". I det fall SD kommer till makten i vårt land kommer det i enlighet med principprogrammet, tillsammans med det etniska synsättet, att få till följd att vissa människor som invandrat hit, och vissa som fötts av invandrade föräldrar tvingas bevisa sin lojalitet gentemot den svenska nationen. Alltså inte mot staten.

Jag har på annan plats i denna bok redogjort för att de krav man måste nå upp till och att man trots detta inte kan bli mer än medborgare. Bland alla dessa krav återfinns talet om lojalitet vilket innebär att om man bryter mot lojalitetsförklaringen, blir man utesluten ur det svenska samhället.

Som en konsekvens av kravet på lojalitet finns även antydningar i principprogrammet som talar för att man anser att det ska ställas krav på svensk identitet. "*att en så stor andel som möjligt av statens medborgare också har en svensk identitet*".

Med tanke på att SD i sina utgångspunkter hela tiden har som plattform den ursvenska, blir följden med detta krav att lojalitetsbeviset även ska omfatta identitetsbyte, alltså att istället för att heta Muhammad måste man byta till exempelvis Johan.

I principprogrammet heter det att man definierar den svenska nationen "*I termer av kultur, språk, identitet och lojalitet*". Också påstår man sig vara "*öppen även för människor med bakgrund i andra nationer*" men ställer samtidigt krav på lojalitet enligt ovan.

Minororiteter, som enligt SD tillhör en annan nation, är som tidigare konstaterats inte välkomna som medlemmar i nationen Sverige men de kan få rätt att bo på de marker de har av "*hävdvunnen rätt*". Den öppenhet man talar om i principprogrammet är därmed en skimär kringgärdad av flera krav, om och men.

Hur ska SD hantera invandrade människor som utmärkt sig inom idrott, politik och inom yrkeslivet/företagandet? Och – inte minst – vilka effekter får inte detta på dessa olika verksamheter, bl.a. utifrån det allt mer ökande behovet av både händer och fötter liksom kompetens inom flera olika verksamheter?

Vi har i Sverige idag sådana som fotbollsspelaren Zlatan Ibrahimovic, som Nasir Gill från Pakistan, Nyamko Sabuni, Ibrahim Baylan, Ardalan Shekarabi och många fler. Är det SD:s mening att kräva av dessa att de bevisar sin lojalitet gentemot nationen då SD sitter vid makten? Eller ska de, i konsekvensens namn, tvingas ut ur Sverige i enlighet med SD:s grunduppfattning? Vad leder detta till? Konstateras kan dock att ingen skyddas av sin betydenhet eller sin ryktbarhet.

Enligt en av de ledande personerna inom SD, Mattias Karlsson, passar inte Zlatan in i nationen Sverige. ”*Han har en attityd som på många sätt inte känns typiskt svensk, han har ett kroppsspråk och ett språk i allmänhet som inte jag uppfattar som svenskt*”.

Eftersom lojalitetskravet och uttryck som gemensam identitet, kulturellt arv och historia medför detta också att inte alla som är medborgare i samhället idag, kan ges möjlighet att behålla sina anställningar inom den offentliga sektorn.

De är ju inte, enligt SD, etniskt svenska, vilket medför att muslimer, judar, samer med flera som idag har anställning och sin utkomst inom vården, skolan, statliga företag med flera tvingas gå från sina anställningar.

Detta blir en av de tydligaste effekterna av SD:s grundläggande ideologiska bas omsatt i praktisk politik. SD föreslår också i en motion att den som ”*önskar få ett svenskt medborgarskap ska avkrävas en ed om att han eller hon svär trohet och lojalitet mot Sveriges konung, svenska staten och den svenska nationen*”.

Något som väl stämmer överens med lojalitetskravet som de vill införa i det fall SD får makten. När det gäller kravet på lojalitet finns det tydliga historiska kopplingar.

Medlemmarna i en litterär sektion i Tyskland under 1930-talet, blev tvungna att "*bevisa sin rätta nationella kulturella hållning*" genom att underteckna en lojalitetsförklaring. En av dessa var Thomas Mann.

Veckoblad från Adolf Hitler oktober 1942

KAPITEL 3

SD OCH DESS SVANS

SD OCH DESS SVANS

Det *"etniskt homogent Sverige"* man vill forma får sitt stöd i sådana rörelser som Nordiska Motståndsrörelsen (NMR) vars uttalade politik grundar sig på *"Vår rasliga överlevnad och frihet är det absolut viktigaste målet med Nordiska motstånds-rörelsens politiska kamp."*

NMR vill att demokratin ska avskaffas och ersättas med ett elitistiskt styre med en stark ledare på toppen. Man vill avskaffa partier och att medborgarskapet i Sverige ska vara baserat på rasbiologi.

Rasbedömning ska, enligt NMR, göras av en statlig institution och de som tillhör andra raser ska skickas *"hem"*. Ingen hänsyn ska tas till ekonomi, arbete eller vad som händer med alla de företag och organisationer som har dessa människor anställda hos sig. Det är hudfärgen som gäller.

Det finns ytterligare flera olika nationalsocialistiska och nazistiska partier och organisationer runt om i landet, t.ex. Svenskarnas Parti och Nordisk Alternativhöger.

Som ytterligare exempel kan nämnas Alternativ för Sverige vars ledare Kasselstrand tidigare varit flerårig ordförande för Sverigedemokratisk ungdom. Dessa ser en ljusning i och med SD:s framgångar, och de växer också i antal medlemmar.

AFS skriver på sin hemsida att efter att Sverige varit ”*Europas mest homogena land*” och att Sverige ”*måste införa ett omedelbart asylstopp och inleda en aktiv återvandringspolitik*”.

När det gäller Svenskarnas Parti beskrev de sig själva som ett nationalistiskt parti på genetisk grund. De bildades 2008 fast då under beteckningen Folkfronten och bildades ur den då nyligen nedlagda Nationalsocialistisk Front.

Källa: Alternativ för Sveriges (valinformation)

Svenskarnas Parti är ett konstaterat nazistiskt parti, och de står för i grunden samma åsikter kring vilka som ska ha rätt att få bo i Sverige som SD.

Svenskarnas Parti är dock tydligare i sin beskrivning och sitt ställningstagande: "*Endast människor som tillhör det västerländska genetiska och kulturella arvet, där de etniska svenskarna ingår, skall kunna vara svenska medborgare.*"

Källa: Wikipedia. Demonstration av Svenskarnas Parti i Stockholm den 30 augusti 2014. Foto: Frankie Fouganthin

Ytterligare rörelser som växer är sådana som Nordisk Alternativhöger (NAH) vilken tar stora intryck från Altright-rörelsen i USA. NAH har som strategisk rådgivare den kände USA-nazisten Richard Spencer (chef för tankesmedjan National Policy Institute som förespråkar vit nationalism).

NAH hämtar ideologiska grunder i huvudsak från The Daily Stormer, (ideologiskt påminnande om NSDAP:s *Der Stürmer*), och ökända webbforum som 4Chan.

De ledande frontfigurerna Christoffer Dulny (lämnade 2017 en tjänst på SD:s riksdagskansli) och Daniel Friberg (driver fascistisk ideologi på olika sätt och det nätbaserade uppslagsverket Metapedia som har högerextremistisk och åtminstone bitvis antisemitisk och nynazistisk profil).

NAH:s åsikter om t.ex. riksdagen och riksdagsledamöterna är, enligt deras hemsida, ”*Låt oss inse faktum – landets högsta beslutande organ är en sandlåda fylld av högavlönade, maktfullkomliga och socialt handikappade snorungar. Ansvar är det de givits av folket och ansvar skiter de öppet i.*”

Källa: Nordisk alternativhöger, Youtube.
”Hjälten Dunly och skylten på Stureplan”.

Vi ska inte och får inte blunda för de risker som uppstår, förutsatt SD får makten, att sådana rörelser som NMR med flera ges möjlighet agera med, som det kallas, SD:s goda minne.

Mest uttalat i denna fråga är Alternativ för Sverige som i sitt program skriver att man ”*vill därför ta bort alla begränsningar av yttrande- och tryckfriheten som hotar den fria debatten. Gummiparagrafen hets mot folkgrupp ska därför avskaffas eftersom den idag används godtyckligt mot svenskar som nyttjar sin grundlagsskyddade yttrandefrihet och därmed skrämmer människor till tystnad*”.
Uppvaknande organisationer som NMR, NAH och AFS växer och får ökat stöd i vårt land och i samband med valen på de olika nivåerna. Det finns t.o.m. röster som hävdar att något av dem inom en snar framtid kommer att få plats i parlamentet.

SD kommer å sin sida inte släppa taget om drivningen av att genomföra sin politik, inte minst om de får makten i riksdagen. De kommer snarare att kraftfullt arbeta snabbt för att få sina förändringar till stånd.

SD kommer med bestämdhet hävda att de har stöd av folket, och därmed utfärda lagförslag som i grunden strider mot FN:s bindande konvention om politiska och sociala rättigheter, vilket också människorättsförfattningen Europakonventionen ger uttryck för och som är svensk lag sedan mitten på nittiotalet.

SD är i sitt politiska värv helt i strid med dessa demokratins grundläggande värderingar och strukturer och de får aktivt stöd av nazistiska och fascistiska rörelser som NAH, Svenskarnas Parti med flera.

En annan risk som kan komma, är på vilket sätt de andra organisationerna som NMR och APS agerar. Historiskt har vi sett att denna typ av mera militanta organisationer kan agera under förklädnad till t.ex. vänsteragitatorer i syfte att skapa oreda och få polisen att ingripa. Med stöd från SD.

Vi kan mycket väl komma att få åse mer aggressiva angrepp på romer, judar, färgade och andra människor som inte betraktas som vita svenskar. Angreppen kan, som i historien, ske mot flyktinganläggningar, utsatta områden och mot enskilda. Ageranden som redan idag sker av och till.

Daniel Svedin skriver i Aftonbladet den 4 oktober 2012 om hur invånarna i en Marseille-stadsdel tvingade cirka 40 romer att lämna sitt tältläger varefter man satte eld på det. Sarkozy beslöt vidare utvisa alla icke-franska romer som brottslingar, utan någon som helst juridisk process.

I Norge försiggick en mycket uppskruvad debatt om att romer borde deporteras och medier rapporterade om våldsamma attacker. I Tjeckien placeras barn automatiskt i skolklasser för barn med psykiska funktionshinder – för att de är romer. I april 2015 utsattes romer för stenkastning i Skellefteå.

Det finns många fler exempel. Kommer SD till makten kommer dessa beteenden att explodera i Sverige.

Vi kan förvänta oss ett ökande antal ageranden av olika slag mot företag, butiker och andra verksamheter som drivs av invandrare. Liksom tydligt minskande möjligheter för dessa att kunna starta företag, få anställning och stöd.

Med sådana organisationer som NMR, som redan idag visar ett tydligt nazistiskt ansikte, blir det inte förvånande att dessa kan komma att stå bakom mer bryska metoder. I det fall SD skulle sitter vid makten blir möjligheterna och tillåtelsen, eller snarare blundandet, från SD för denna typ av aktioner, blir därmed rättsligt betydligt mindre kostsam och mer eller mindre accepterad.

I och med att SD ges makten över regeringsformens innehåll, rättsväsendet och polisen blir förutsättningarna för den här typen av aktioner, i enlighet med ideologin formulerad som nationsbefrämjande, från dessa rörelser mer eller mindre ignorerandet av ”*makten*” eller i vart fall blir påföljderna indriga.

Utvecklingen kommer inte att börja så radikalt, det kommer senare, utan det kommer inledningsvis att handla om uppmaningar att inte handla i sådana butiker, inte göra affärer med sådana företag och inte anställa dessa människor.

Anledningen till dessa ageranden brukar vara att det alltid finns sådana grupperingar som är missnöjda med takten i SD:s ageranden och praktiska politik, att de sjuder av begär efter handling och dessas krav på att partiet måste ta ett mycket tydligare och större överordnat ansvar för staten.

Gör vi en koppling till nazismen på 1930-talet och deras ageranden ska vi inte bli förvånade om följande även händer här i Sverige i det fall SD får makten. Då utlystes en landsomfattande bojkott av judiska affärer en dag, den 1 april 1933.

Hitler hade kommit till makten 30 januari samma år. Uniformerade och ibland beväpnade nazister stod utanför butikerna och hindrade kunder från att gå in.

Samtidigt proklamerades i media ett fördömande av alla affärer som ägdes av judar.

Denna officiella bojkott varade bara en dag, men den gav inspiration till ytterligare ageranden på lokal nivå runt om i landet. Det är också viktigt notera att denna typ av aktioner klargjorde att anti-judiska aktiviteter stöddes av regeringen. Detta öppnade för mer eller mindre våldsaktioner av enskilda och grupperingar av mindre nogräknad men tydligt nazistisk karaktär.

Källa: Stadtarchiv Heilbronn.
En judisk butik i Heilbronn i Tyskland. 1 april 1933. Foto: Yad Vashem,

En vecka senare kom den första antijudiska förordningen, den s.k. ”ariska klausulen” som innebar att judar kunde avskedas från offentliga tjänster utan anledning.

Sammantaget kan SD i sin argumentation och i uppgiften att förklara dessas ageranden, formulera det som att det handlar om ”*spontant folkligt våld*”, ord som även Hitler använde. Och därmed ha motiv och skäl för att införa en beslutad bojkott eller liknande av sådana butiker och företag.

Förutom Fidesz finns i Ungern ytterligare ett parti, Jobbik, vilket har utnyttjat tillfället att fränt agera när Fidesz kommit till makten. Det har blivit ökänt för sin fräna antisemitiska och antiromska politik och det sprider skräck främst bland romer genom sin paramilitära nyfascistiska gruppering Magyar Garda, Ungerska Gardet. De har genom våld och skrämsel givit sig på minoriteter och politiska motståndare.

Även om de genom domstolsbeslut upplöstes 2009 har det sedan 2012 börjat marschera igen. Sådana tendenser finns idag även i Sverige, och med SD vid makten finns stora risker för en liknande utveckling som den i Ungern.

En grov polisattack mot romer med misshandel och våld mot i Zborov, Ungern.
Källa: ERRC

Det finns fler högerextrema organisationer i Sverige men dessa behandlas dock inte här.

KAPITEL 4

SD OCH DE ANDRA PARTIERNA

SD OCH DE ANDRA PARTIERNA

Vi får inte glömma den politiska hållning som de andra partierna visade och deras reaktioner på Sverigedemokraternas ageranden under de år från och med då de började få betydelse i den svenska politiken.

SD:s förmåga att driva frågan om invandring och deras möjligheter att skapa utrymme för att utveckla frågan till att bli stor, ledde till att de övriga partierna fogade sig till detta. I stället för att hålla fast vid de andra frågor som från början stod högst på deras agendor, som vård, skola, omsorg och företagande, lät man sig dras med i SD:s debatt om invandring vilket ledde till att de vann mark på bekostnad av de andra partiernas huvudfrågor. Därmed vann också SD röster och ökade sitt inflytande i svensk politik.

Den hållning som våra svenska partier visat gentemot SD från cirka 1990 och fram till idag är väsentlig för den fortlöpande historien och har påverkat hållningen i vårt lands demokratiska utveckling och hur debatterna har löpt inför de därefter följande valen. Bl.a. har en del andra partier inte lyckats hänge med i den allt snabbare utvecklingen i vårt land, utan har en slags kvardröjande känslostyrd godtrogenhet från förr.

Herbert Tingsten skrev i Dagens Nyheter den 11 augusti 1949, att ”*det stora flertalet av nazistväljarna inte tänkte sig att Hitlers seger skulle leda till den politik som faktisk kom att föras, inte ens till upprättande av en diktatur. Man röstade på nazismen för att vinna de omedelbara fördelar som dess propagandister utlovade.*”

Och Tingsten fortsätter: ”*Framgångarna var av samma art som vunnits av stora samlare av missnöje: Napoleon III år 1848, Boulanger år 1887, Lenin år 1917, Mussolini i början av 1920-talet. - ....många räknade på att nazismen efter maktövertagandet skulle bli modernt,, förhandlingsvilligt, efter hand demokratiskt.*”

"De etablerade partierna saknar", skriver Enarsson och Mellin i Expressen, *"fungerande strategier för att möta den ökande populismen"*. De hänvisar till tankesmedjan Futurion, som menar att SD:s framgångar inte beror på invandringskritik och rasism utan på en oro på arbetsmarknaden.

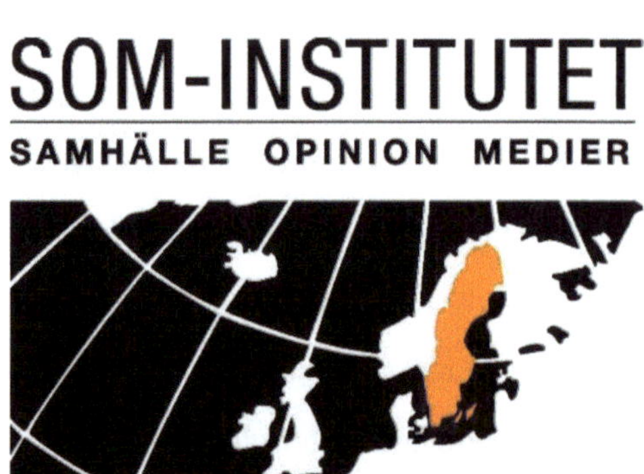

Källa: SOM-institutet, hemsidan

Nedan redogörs kort för vad forskningen inom SOM-institutet istället har kommit fram till. Enligt detta institut finns det en mycket omfattande forskning kring tillväxten av högerextrema partier, och man ser från denna forskning att det i Europa finns stora likheter mellan dessa partier, om än även skillnader.

Sitt starkaste stöd har SD bland de yngre på landsbygden och i små tätorter. Dock har SD sitt klart svagaste stöd bland yngre i städerna. Samtidigt har SD sitt starkaste stöd bland arbetarna, och då främst inom den privata sektorn, och man har haft svårt att vinna gehör hos tjänstemän. Enligt SOM-institutet är det som förenar anhängarna mer än något annat att de vill se minskad invandring och i synnerhet minskat flyktingmottagande.

Den andra frågan som de flesta som röstar på SD är överens om är missnöjet med svensk politik enligt SOM-institutets forskning, men det finns samtidigt inga belägg för någon särskild utbredd bitterhet bland partiets anhängare. Och det helt övervägande flertalet anhängare till Sverigedemokraterna har antingen förvärvsarbete (52 procent) eller är ålderspensionärer (33 procent).

SOM-institutet kommer fram till slutsatsen när det gäller vanliga uppfattningar om SD:s väljare att "*det är för det första inte fråga om högerextrema personer. Det är för det andra inte fråga om marginaliserade personer som förlorat på samhällsutvecklingen och lever i ett utanförskap eller upplever en risk att hamna där. Och det är för det tredje inte fråga om särskilt bittra eller olyckliga personer jämfört med andra*".

Jag har tidigare nämnt risken för att de övriga partierna fogar sig till SD:s framgångsrika enfrågekampanj kring invandring och integration, och dessa partiers försök, bl.a. med målet att återvinna röster, i sin partipolitiska polemik allt mer lägga fram förslag som inte ligger långt från SD.

Vi kan inte utgå från att det inte blir någon ändring i maktbalansen till förmån för de svenska nationalisterna. Deras bas i vårt parlament, så som det ser ut idag, kommer att stärkas proportionerligt. Det leder i sin tur till att parlamentet måste avgöra huruvida SD ska ingå i en regering eller ej. Och detta ställer stora krav på de övriga partierna i riksdagen avseende synen på demokrati, mänskliga rättigheter, hur man definierar "*folket*" m.m.

Det finns även risk för splittringar i några partier, vilket i sin tur gynnar SD. SD:s strävan att ändra lagar och förordningar kommer att komma upp på dagordningen och huvudinriktningen för detta arbete ur SD:s perspektiv, är den etniskt färgade politiken och synen på invandrare. Som exempel här kan nämnas förslaget som tidigare tagits upp av en riksdagsledamot från SD om politisk styrning av media, och kravet på vaksamhet när det gäller ändringar i Regeringsformen.

SD anser, när det gäller just mediefrågorna och finansieringen av Public Service, att i det fall SD får makten, ska man kunna styra budgeten så att public services innehåll anpassas till vad SD vill föra ut för budskap, "rätt" politiskt innehåll. Retoriken är densamma som i Ungern, Polen och Tjeckien.

Det är värt notera att utvecklingen av SD, undfallenheten från övriga partier, fogligheten i retoriken gentemot SD, och det utrymme de ges möjlighet att ta inom debatten samt utväxlingen i det massmediala utrymmet, sker i vårt moderna samhälle.

Det är också vårt samhälle som har medgett och frambringat såväl SD som deras ideologi och som, i det fall SD ges makten, även demokratiskt tillåter dem att använda redskap av olika slag gentemot andra människor i deras etniska politik. Och denna politik är enligt mitt förmenande allt annat än en vardaglig vanlig svensk demokrati

Socialdemokraterna

I 1989 års partiprogram skriver SD att det främst är Olof Palme som i sin politiska gärning ”*utbasunerade*” slagordet ”*internationell solidaritet*”. Och att detta därmed öppnade gränserna för ”*allsköns förföljda socialistiska bröder, inklusive både kommunister, anarkister och ligister*”.

Vårt öppna samhälle har sedan, enligt SD, ”*röjt vägen för en invandringspolitik som öppnat vårt lands gränser för en brokig ström av föregivna invandrare och politiska flyktingar. Sedan åberopar de 'demokrati och jämlikhet' för att ställa ständiga krav på alla medborgerliga rättigheter och på att få bibehålla 'sin egen kultur', inklusive sina inhemska sedvänjor och inbördes konflikter."*

Att Socialdemokraterna inte har agerat kraftfullare mot SD, när det gäller denna typ av angrepp på det partiets största ledare, är i sig anmärkningsvärt. Det väsentliga är dock att S intagit en vag ställning i retoriken gentemot SD. S konstaterar i sin valanalys efter valet 2006 att "*vi också måste bli bättre på att ta debatten med sverigedemokraterna och bemöta deras argument*".

Källa: Socialdemokraterna Västerås

De konstaterar också att flödet från S mest gått till SD och att det är SD:s invandrings- och flyktingpolitik som kommer högt bland de som röstat på SD. Valanalysen påpekar också att SD är rasistiskt anstruket. När sedan valanalysen går över till hur man ska hantera SD tar man ställning för att det främst är ”*de som har röstat på dem som skall mötas*”. Samt att man måste ta debatten ”*när och där så krävs*”. Och att framgången för SD främst är ett rop på S, ”*en signal till socialdemokratin med innebörden ’Nu måste ni lyssna på oss och ta våra bekymmer på allvar*’”.

I valanalysen efter valet 2010 kommer S fram till att SD spelade på sitt ”*föregivna martyrskap*” och att diskussionen fördes över från ”*sakpolitiken till det politiska spelet*”. Och slutsatsen av erfarenheterna efter valet blev att ”*Det hade varit klokare att, om nu över huvud taget skulle ta upp Sverigedemokraterna i valrörelsen, i så fall inrikta sig på att kritisera dem sakpolitiskt*”. Kommentaren om att ”*över huvud ta upp*” SD visar, enligt mitt förmenande på en mjuk hållning. Samt på svag analys av SD:s egentliga politiska grund att ta strid emot.

I sin valanalys från valet 2014 konstaterar S att "*Sverigedemokraterna har ritat om den politiska kartan med sin bakgrund i nynazismen, sitt ensidiga och brutala fokus på en enda fråga, invandringen, och sin högerpopulistiska hållning i andra frågor*". Man hade valt att fokusera på de som valde SD och att inte konfrontera SD, men konstaterar att den strategin misslyckades. Sedan drar man slutsatsen att SD dominerade debatten och att man måste "*vara uppmärksamma på hur man hanterar frågan [rasism och intolerans] i fortsättningen*". Analysen pekar sedan framåt och anser att det finns en enorm potential för att "*utmana den bild Sverigedemokraterna målar upp av samtiden*".

Av 2018 års val kan man konstatera att den utmaningen också misslyckades.

Socialdemokraterna har av tradition och politisk historia alltid hävdat sig som ett arbetarparti. Den fråga som man kan ställa sig är hur man bemött SD när det gäller konkreta s.k. arbetarfrågor som dödsolyckor i arbetslivet, heltid, fackliga avgifter med mera.

Alliansen

Delar av Alliansen förde inför valet diskussioner om att ge SD möjlighet att få avgöra valet av talman och ordförandeposter i riksdagens utskott. Centern och Liberalerna protesterade, men bara att man förde upp själva diskussionen visar på valhänthet och slapphet gentemot den ideologi som SD står för.

Man kan fundera över hur mycket kampen mot rasism egentligen betyder för dessa, och bara en vecka efter Söders formuleringar om att judar inte är svenskar på Centerpartiets Facebook.

Moderaterna

Just den 27 januari 2017, på dagen 72 år efter förintelselägret Auschwitz-Birkenaus befrielse, valde moderatledaren Anna Kinberg Batra att meddela att man ska möta SD för samtal. Emerich Roth skrev då till Moderatledaren att ”*Det är när ondskan klär sig i kostym och lägger sig till med lånad vokabulär, som den är riktigt farlig. Att bli insläppt och bli tagen i hand är ondskans högsta önskan, ty väl inne och accepterad, kan den sprida sig som en smittsam epidemi.*"

Carl Bildt uppmanar svenskarna att lära av historien, "*att extremistiska tolkningsramar riskerar att normaliseras om SD får för stort stöd*". Effekterna blir framgång för det fascistiska idéarvet som utgör partiets grund.

Anna Kinberg Batras inställning till SD:s väljare är att hon "*är övertygad om att det här inte är rasister, utan människor som tänker att Sveriges utveckling går åt fel håll*". Kindberg Batra skriver samma år i Aftonbladet att "*öppenhet är en överlevnadsfråga*". Hon menar att vi blir fattigare och svagare om vi sluter oss. Samtidigt påtalar hon att vi behöver förändra migrations- och integrationspolitiken.

I Expressen den 4 november 2018, mitt under regeringskrisen, publiceras en undersökning genomförd av Novus, att över 80% av M:s och KD:s väljare vill ha ett samarbete med SD, samtala om sakfrågor.

Under mandatperioden 2010 – 2014 tvingades Alliansen anpassa sin ekonomiska politik eftersom SD kunde välja att stödja de röd-gröna mot Alliansen. Och redan då hävdade Jimmie Åkesson att SD inte kommer att stödja en regering som inte ger SD sakpolitiskt genomslag. Och i samband med omröstningen om budgeten för år 2019 som M/KD fick igenom tog inte Kristersson debatt med SD och han vill inte heller kalla SD för ett rasistiskt parti.

Man undviker medvetet konflikt med SD. ”*Moderaternas tystlåtenhet och tassande gentemot Sverigedemokraterna är dock logisk. M har valt att söka regeringsmakten med stöd av SD. Följden blir att motkrafterna mot SD försvagas.*”

När NSDAP i 1930-talets Tyskland vann mark i parlamentet, uttryckte man från vissa judiska kretsar att ”*inga ändringar av maktbalansen till förmån för nationalsocialisterna kommer att tillåtas*”. Vidare påstod man att det som kommer att ske är något av två alternativa ting, antingen ”*kommer de att skickas ut att bekämpa proletariatet, vilket kommer att splittra deras parti och göra dem harmlösa tillsvidare.... Eller också kommer de att lämna regeringen....*"

Man menade att det inte "*kan bli tal om hets mot judar eller anti-judiska lagar, att antisemitisk lagstiftning skulle bli möjlig bara om maktbalansen ändrades till förmån för nationalsocialisterna*" men att detta "*kan knappast förväntas*". En godtrogenhet som återkommer om än i ny skepnad dessa tider.

Kristersson (M) menar att när SD inte har åsikter som stämmer överens med de åsikter som M har, "*ska de ha noll inflytande*". Vidare säger han i samma intervju att "*jag tycker att de har rätt i ett antal frågor, och det skäms jag inte över. Och de har helt fel i ett antal andra frågor och där kommer jag att göra allt jag kan för att stoppa dem*".

Problemet för Kristersson är att SD kan, i kraft av sitt antal ledamöter i riksdagen och det beroende av SD Moderaterna kommer att befinna sig i, i det fall M+KD skulle ha makten, stoppa varje förslag som kommer från M+KD om SD inte får sin vilja igenom i de frågor som ligger dem närmast.

Åkesson och SD säger att man inte kommer att ”*släppa fram en regering som de inte kan leva med. SD förväntar sig få inflytande och de ska använda sig av de maktmedel de har för att få detta inflytande*”. Detta faktum vill gärna Kristersson blunda för.

Förmågan hos Moderaterna att kunna stoppa SD är de facto inte beroende av den minoritetsregering som M+KD skulle vara, den förmågan är beroende av att i stort alla partier i riksdagen sätter sig emot SD. Det är en skimär att tro att SD viker sig och blir ett parti bland alla andra. Den ideologiska bas de vilar på utgår inte från den liberala grund vårt samhälle är uppbyggd kring.

SD har ett helt annat samhälle i blickpunkten, och kommer att göra allt för att nå dit. Släpper vi in dem i finrummet, ger vi dem möjlighet att påverka styrningen av det svenska samhället, har vi dem också snart i knäna. Det kan vi inte blunda för. Inte heller Moderaterna eller Kristdemokraterna.

Det växte dessutom i samband med regeringsdiskussionerna efter valet 2018, fram ett förslag som skulle se till att SD inte skulle få något inflytande om Alliansen regerar tillsammans. Åkessons reaktion blev att ”*Det är naturligtvis inte rimligt att SD släpper fram en statsminister som aktivt avser förhindra att SD-väljarna får inflytande. Det borde även övriga partier förstå*”.

Kristdemokraterna

Kristdemokraternas Ebba Busch Thor sa i Live-TV i Expressen den 17 oktober 2018 att ”Jag är väl mest orädd för att tillträda med ett stöd i riksdagen som även inkluderar Sverigedemokraterna”. *KD menar att man måste ta chansen att bilda regering.*

Och den 21 mars skriver hon i Facebook att hon kan ”*samtala med samtliga riksdagspartier*”, vilket följs upp av Expressen samma dag där hon bekräftar att man är beredda att diskutera enskilda sakfrågor med SD.

Busch Thor anser att det råder ängslighet och osäkerhet *"på vilka grundläggande värderingar man står för"*. Busch Thor tror att "*Sverigedemokraterna skulle ju ta en enormt stor risk om de började ställa krav*".

KD menar att en regeringsbildning mellan M+KD för att fungera kräver stöd från SD, vilket leder till att man tvingas ge SD inflytande. Busch Thor menar att detta är "*Ett påstående som saknar grund i verkligheten*". Problemet för Busch Thor är här detsamma som för Kristersson.

SD kommer att stoppa varje förslag som inte ger SD något i utbyte. Det är ju vad de förväntar sig, vilket de också sagt klart och tydligt.

Detta går inte, trots vad Busch Thor säger, att blunda för. De sitter i samma fälla som Moderaterna. Intressant att notera är också Partito Nazionale Fascista bildade koalitionsregering med Kristdemokraternas motsvarighet Partido Popolare Italiano på sin tid.

I övrigt är argumentationen kring ställningstagandena och förhållningen till SD från KD:s håll relativt lika den som M för.

I en SVT-intervju i Morgonstudion den 2017-09-08 slår Ebba Busch Thor fast att man kan tänka sig att ta makten med stöd av Sverigedemokraterna.

Hur motiverar Moderaterna och Kristdemokraterna att de kan tänka sig att samverka med Sverigedemokraterna mot bakgrund av SD:s syn på "*folket*" och "*medborgarna*"?

Liberalerna och Centerpartiet

Båda dessa partier har tydligt sagt ifrån att varje form av regeringssammansättning där SD ges inflytande kommer man inte att acceptera.

Källa: Liberalerna on Twitter, 1 juli 2014

Liberalernas partisekreterare Maria Arnholm skrev i ett partisekreterarbrev att "*I ett liberalt och öppet samhälle kommer människor att göra olika val, och det leder till en mångfald av åsikter, kulturimpulser och livsstilar. Det ser vi liberaler som något positivt, så länge enskilda människors frihet inte begränsas av andras val. I den sverigedemokratiska världsbilden ses det i stället som ett hot. Där är det inte du som avgör din grupptillhörighet, utan du sorteras efter kategorier som andra har bestämt.*"

Liberalernas partiledare Jan Björklund skrev i sitt meddelande den 14 november 2018 att en regering bestående av Moderaterna och Kristdemokraterna "*skulle behöva ta stöd av ett parti som är en del i den högernationalistiska våg som dragit in över hela västvärlden; som är mot globalisering, europeiskt samarbete, frihandel och öppenhet. Ett parti som har som mål att bekämpa hela den liberala samhällsmodellen. Det kan vi liberaler inte ställa upp på....*".

Annie Lööf, Centern, har intagit samma ställning. "*Det handlar framförallt om att vi inte vill ge Sverigedemokraterna ett avgörande inflytande. Det är ett historiskt vägval vi står inför – om vi ska ge ett högerpopulistiskt nationalistisk parti ett inflytande i svensk politik*", (Annie Lööf i P1-morgon den 13 november 2018).

Båda partierna har också ställt krav på, i samband med Alliansdiskussionerna efter valet 2018, att en Alliansregering "*inte ska vara beroende av stöd från Sverigedemokraterna*".

SD konstaterar från sin horisont att det politiska fältet förändras. Alliansen är mer eller mindre förbi som block betraktat. Samtidigt har man fått positiva vibrationer från framförallt Kristdemokraterna men även från Moderaterna.

Därmed kan också Åkesson utnyttja de politiska rörelser som sker och använda detta till SD:s fördel genom att påstå att det numera finns ett konservativt block. Där ser SD också möjligheter att inta den ledande positionen med möjlighet för Åkesson att bli statsminister. Eller som Åkesson uttrycker det: ”*I nästa val, senast 2022, går vi för konservativ majoritet och regeringsmakten*”.

Vad händer vid valet 2022?

Källa: Samhällsnytt

KAPITEL 5

SVERIGE-DEMOKRATERNAS EGENTLIGA MÅL

Sverigedemokraternas egentliga mål

Efter en ganska omfattande genomgång av SD:s program, officiella hållning, begreppsvärld, ideologiska utgångspunkter och tankar samt den argumentationsapparat man tillämpar har i denna bok ett antal slutsatser dragits.

Sammantaget blir effekterna av om Sverigedemokraterna skulle komma till makten förödande för dagens svenska liberala och sociala samhälle. Inte enbart för många individer, den får också starka ekonomiska konsekvenser för vårt samhälles förmåga att bibehålla dagens standard avseende t.ex. service, utbildningsväsende, företagande och arbetsmarknad.

Åkesson har uttryckt att målet är minst 30% av rösterna i kommande val, samt att siktet är inställt på statsministerposten. Talet om ett nytt konservativt block där SD utgör det ledande partiet är inte osannolikt, Moderaternas och Kristdemokraternas beroende av SD ökar allt eftersom.

Därmed blir också situationen för M och KD och deras möjligheter att kunna driva sina frågor, beroende av SD:s kompromissvilja. Något som i stor utsträckning kommer att styras av målet för SD:s politik. Denna målbild är klar och tydlig för SD och det är också den utgångspunkten som kommer att gälla avseende samarbetet med M och KD.

Valet 2018 resulterade i 70 mandat för Moderaterna, 22 mandat för Kristdemokraterna och 62 mandat för Sverigedemokraterna, tillsammans 154 mandat av riksdagens totala 349. Det krävs minst 175 mandat för att absolut majoritet.

I den väljarbarometer som genomfördes torsdagen den 8 februari 2019, har Sverigedemokraterna 21,2 % (74 mandat), Moderaterna 18,3% (64 mandat) och Kristdemokraterna 7,4% (26 mandat). Dvs 164 mandat av 349.

I det fall SD får 30% av rösterna och M fortsätter minska som man gjort sedan toppen 2010 till statistisk grundat cirka 14% och KD bibehåller sina 7% blir ställningen i Riksdagen sådan att Sverigedemokraterna får 105 mandat, M 49 mandat och KD 24 mandat, dvs totalt 178 mandat där SD är störst.

Denna konstellation är därmed den största i Riksdagen, har majoritet och Åkesson har därmed också den formella grunden för att kräva statsministerposten eftersom SD är största parti.

Sett utifrån denna utveckling skapas också förutsättningarna för SD att omvandla det svenska samhället till det samhälle man istället vill ha och som man mer eller mindre tydligt visat under den tid man funnits i den politiska riksdebatten och de tidigare riksdagsvalen likaväl som på regional och lokal nivå runt om i landet.

Nedan skissar jag ge en bild av det samhälle vi har att vänta oss i det fall Sverigedemokraterna får makten i Riksdagen med ovanstående utgångspunkter. Det interna trycket uppifrån toppen inom SD och ut i SD-organisationen kommer att öka, samtidigt som flera mindre taktiskt benägna människor inom rörelsen vädrar morgonluft och i sociala medier uttrycker likaväl som skapar förväntningar på snabba åtgärder. Risken för ökande aktiviteter från organisationer som NMR kommer också i dagen. Kort sagt, det börjar koka i grytan. Det skapas grogrund för en gröda av ageranden från personer med en mycket tydligare rasistisk inställning än SD:s.

Kontakterna med Ungern, Polen och Tjeckien intensifieras, samarbetet med ”*The Movement*” inleds mera aktivt, och kontakterna med andra högerextrema organisationer och partier inom EU ökar.

”*De fyras gäng*” måste nu koncentrera sig på verkställigheten av sin egen politik. Dessutom handlar det om taktiken att bibehålla M:s och KD:s stöd, åtminstone inledningsvis. SD besätter nu de viktigaste posterna. Statsminsiterosten har jag nämnt, men finansministerposten, justitieministerposten, integrationsministerposten och kulturministerposten är också viktiga. Åkesson är given som statsminister. Som finansminister tillträder Oscar Sjöstedt. Rättspolitisk talesperson blir Richard Jomshof. integrationsminister är Henrik Vinge, förre presschefen i SD och han samarbetar med Paula Bieler som migrationsminister. Dessa två ansvarar för bl.a. repatrieringen. Björn Söder blir försvarsminister. Mattias Karlsson blir arbetsmarknadsminister.

Denna grupp ska tillsammans genomföra snabba förändringar och hårt behålla makten över den politiska utvecklingen. Så till de konkreta förändrings- och genomförandeuppgifter som SD har att göra när de kommer till makten.

KAPITEL 6

DET NYA SVERIGE UNDER SVERIGE-DEMOKRATERNAS LEDNING

Det nya Sverige under SD:s ledning

Sverigedemokraterna genomför nu förändringar i Regeringsformen. Tolkningen av begreppet folket har förtydligats och innebär att det enbart gäller medlemmarna i nationen Sverige. De som inte är medlemmar i nationen Sverige omfattas inte av grundlagarna.

Borta är möjligheterna för minoriteter att utveckla det egna kulturlivet och det ges inget ekonomiskt stöd för detta. Risken för att någon minoritet kan missgynnas på grund av etniskt ursprung, hudfärg eller annat liknande förhållande eller med hänsyn till sexuell läggning, ökar eftersom även denna paragraf är borta ur grundlagarna. Borta är även den särskilda satsningen på den nationella minoriteten romer.

De rättigheter som anges i grundlagarna efter det att SD förändrat dem kommer endast gälla de som är medlemmar i nationen Sverige. Ett exempel är att t.ex.

endast de som är medlemmar i nationen Sverige kommer att få rösta till Sveriges riksdag.

Numera gäller de grundläggande rättigheterna som t.ex. yttrande-, tryck-, mötes- och föreningsfriheterna för folket, alltså att det enbart är de som är medlemmar i nationen som har dessa rättigheter. Inte för medborgarna.

Källa: Zaphod Beeblebrox. @vardagsrasism

Rättstrygghet, allmän och lika rösträtt, likhet inför lagen och liknande gäller således t.ex. inte för muslimer.

För att få kontroll över lagstiftningen har också SD beslutat att nationen inte längre har kvar Lagrådet. Rättsväsendet styrs numera av nationen via justitieministern.

Dessutom har tillsättnings- och avvecklingsansvaret beträffande domare på alla nivåer lagts på justitieministern. Man får därigenom kontroll över vilka beslut som gynnar politikens inverkan på människors beteende. Konstitutionsutskottets roll har också vingklippts. Kontrollen över att regeringen följer t.ex. grundlagarna undergrävs därmed till förmån för regeringens politik.

Eftersom rättsväsendet står under statlig kontroll och som regeringen numera har direkt ansvar för och kontroll över, kommer varje enskild människa att direkt beröras av vad den centrala politiska ledningen anser. Inte enbart när det gäller vem och varför någon ska anklagas och dömas, utan även vad som ska förmedlas i massmedia och vilka som ska ha rätt att påverka samhällsutvecklingen. Därmed har också regeringen möjlighet att i varje enskilt fall avgöra om och när politiskt oppositionella ska fängslas.

Genom två nya lagar tar finansministern ansvaret för Public Service, som därigenom kan utse och avskeda cheferna för SVT och SR. Finansministern har byter även ut flera journalister och har dessutom det övergripande ansvaret för vad som förmedlas ut till folket.

Regeringen förändrar även personuppgiftslagen och lagen om den officiella statistiken så att fördjupade statistiska underlag om invandring och personer med invandrarbakgrund kan kartläggas grundat på mänsklig essens. Denna instans, som kan få namnet registerverket, inom staten, består bl.a. av personer från Kriminalvården och SCB.

Nationen lägger också om styrningen av staten så att den mycket tydligare förverkliga nationens intressen och mål genom att effektivisera verksamheten, dra ner på vissa instanser och upprätthålla eller utveckla andra.

Utrikesministern får en viktig roll i kontakterna med Ungern, Polen och Tjeckien. Staten har också via nya instanser fått i uppgift att skydda nationen mot inre hot förutom försvarsmaktens traditionella roll.

Det ovan benämnda Registerverket registrerar samtliga avseende ursprungsnationalitet, om personen är statslös samt även de som är födda i Sverige men av invandrade föräldrar.

Registreringen gäller även de invandrare som har svenskt medborgarskap. Arbetet blir omfattande eftersom det berör cirka 2,4 miljoner människor i Sverige, bl.a. från Asien, Latinamerika och Afrika men även människor som t.ex. är samer, tornedalsfinnar och judar.

Efter registreringen skall individen visa upp klanderfri vandel för tiden i Sverige, men staten kommer också från sin sida kontrollera om någon av dem har begått något som helst brott i Sverige under de senaste 10 åren. Har individen det finns underlag för utvisning.

Eftersom det vid kartläggningen dessutom kommer fram att flera personer har dubbla medborgarskap ställer staten krav på att individen ska avsluta något av dem.

Därefter utfärdar nationen en lag, en slags medborgarlag, som innebär att samtliga registrerade invandrare på statens order ska genomgå en utredning som klarlägger huruvida individen talar flytande svenska, uppfattar sig själv som svensk, lever i enlighet med den svenska kulturen och om individen uppfyller kravet på att helt ha övergett sin egen kultur och ser den svenska historien som sin egen.

Har invandraren inte begått något som helst brott, och dessutom klarar medborgarlagens krav skall den sökande i en särskild deklaration bekräfta sin lojalitet med nationen Sverige. Det är så man bygger förbrödring och nationell solidaritet, säger regeringen, men bryter man mot detta får man inte längre vara medlem i den svenska nationen.

Därefter fattar staten två beslut i enlighet med vad nationen vill. Det första omfattar en order om att alla som begått något brott (allt från felparkering till mord), alla som inte klarar medborgarlagens krav, samtliga som inte skriver under lojalitetsdeklarationen och alla som vill bibehålla det dubbla medborgarskapet skall utvisas från Sverige. Denna order skall gälla samtliga invandrare, inklusive alla de som är födda i Sverige av invandrade föräldrar, från och med 1970.

Det andra gäller att alla som inte kan uppfylla kraven på medlemskap i nationen Sverige, dvs inte är född i Sverige av svenska föräldrar eller inte i tidig ålder är adopterad av svensktalande föräldrar, vilka för övrigt ska ha svensk eller nordisk identitet och som består av båda könen, blir tillsvidare enbart medborgare i Sverige, inte medlem i nationen.

Eftersom invandrarna har formats av sitt historiska, kulturella och social arv har de detta arv med sig i sin essens, och därmed är de inte lika oss svenskar. Därmed platsar de inte i den svenska nationen.

Detta innebär att trots att man godkänts, inget brott har begåtts och man har skrivit under lojalitetsdeklarationen och klarat alla krav, blir man ”bara” medborgare Sverige, inte medlem i nationen. Men staten kräver ändå att denna person helt överger sin ursprungliga kultur och identitet och genomför ett identitetsbyte.

Invandringen blir mycket mer restriktiv, man tillåta numera knappt någon alls eftersom den svenska kulturen och nationen hotas av andra kulturer. Den invandring man möjligen kan tänka sig är från de övriga nordiska länderna och efter prövning möjligen från delar av Europa.

Slutligen omfattas inte heller samer, tornedalsfinnar, judar och andra folkgrupper som bott länge i nationen Sverige av rätten att vara medlem i nationen Sverige. De tillhör en annan nation enligt det regelverk den nya regeringen upprättar.

Medborgarna undantas dessutom från det värde som medlemmarna i nationen Sverige har, en rättighet som de ju enligt regeringen har i sin egen nation.
De som sedan blir kvar, är medlemmar i nationen Sverige och definieras som det svenska folket. De har gemensam nationell och kulturell grund.

Därmed utesluts 2,4 miljoner människor från de nationella rättigheter som medlemmarna i nationen Sverige har. Villkoren för de som tillhör en annan nation påverkas konkret och direkt för t.ex. sådana som samer, chilenare, tornedalsfinnar, romer och judar. De blir, som ovan visats, som allra mest medborgare och inte medlemmar i nationen Sverige, vilket även gäller för t.ex. sådana som polacker, tyskar, britter, jugoslaver eller syrianer, iranier och somalier.

Det är enligt den nya regeringen ledd av Sverigedemokraterna viktigt att kunna skilja på medborgarskap i den svenska staten och tillhörighet till den svenska nationen. Det bästa för Sverige är, enligt regeringen, att så många som möjligt också har en svensk identitet, vilket gör att det också i regelverket för de som ska accepteras som medlemmar i nationen innehar typiskt svenska eller nordiska namn, ett krav som även gäller för de som accepteras som medborgare.

Registreringen är ett viktigt verktyg för att kunna skilja svenskar från andra folk. Den ger också förutsättningar för att kunna särbehandla de som inte tillhör nationen. Registreringen bildar nämligen grund bl.a. för repatrieringsarbetet. Samtidigt får också nationen en effektiv kontrollmekanism för att förhindra sammanblandning mellan svenskar och människor från andra nationer. Risken för att blanda upp den svenska kulturen med annan utifrån kommande kultur skall förhindras.

Det ska därför inte längre vara möjligt att blanda olika kulturer, det är ett hot mot den svenska nationella identiteten och vårt historiska arv. Enligt regeringen försvinner inte kultur och värderingar bara för att någon erhållit ett medborgarskap. Det är ju också så att det är bara genom denna väg som vi kan skapa bättre trygghet i vårt land.

Staten har bl.a. via polisen och Registerverket, nu också möjlighet att motverka sammanblandning av kulturer. Eventuella kontakter och umgänge mellan t.ex. människor med afrikanskt ursprung och nationella svenskar, är enligt regeringen, inte befrämjande för fosterlandet.

Regeringen lägger kraft på att förmedla sina beslut på ett så positivt sätt som möjligt och skapa en grogrund för framtida beslut. Eftersom justitieministern behärskar Public Service kan regeringen via SVT:s nyheter SR:s Dagens Eko meddela att de beslut som ovan nämnts genomför man för att på så sätt skapa ett bättre samhällsklimat, mindre känsla av rotlöshet.

Genom samma kanaler kan man också anslå bilden av att segregationen och motsättningarna försvinner och tryggheten ökar. Statsministern kan meddela att andra nationers medlemmar självklart inte ska ha möjlighet att påverka den svenska nationen. Och han kan meddela att Sverige självklart inte har rätt att påverka och lägga sig i t.ex. Tysklands politik. Och med det som grund ange att det är därför det bara är medlemmar i den svenska nationen som ska ha rätten att påverka vårt lands egen utveckling och politik, det är därför det t.ex. bara är de som är medlemmar i nationen som har rösträtt.

Slutligen kan regeringen meddela, i syfte att slå an på tryggheten meddela sina beslut med motiveringen att svenskar ska t.ex. inom vården mötas av svenskar, och motivera detta med att det leder till bättre välfärd. Det är också därför som regeringen beslutar att bara medlemmar i nationen ska få arbeta inom offentlig sektor. Skälet anges vara att man i Sverige inte kan ha anställd personal i vården, skolan eller staten som har en annan identitet, en annan religion, ett annat kulturellt arv och en annan historia som tar hand om vårt folk.

Efter registreringen påbörjas så snart som möjligt arbetet med repatrieringen. För att detta ska vara möjligt beslutas om en ny lag som vi här kan kalla Återvändandelagen. I enlighet med denna lag blir alla som inte har sitt ursprung i nationen Sverige och som kommit till

Sverige efter 1970, repatrierade, dvs skickade tillbaka till sina hemländer. Och detta gäller även om de blivit svenska medborgare eller inte, och även om de gift sig med en svensk.

Staten har också, via finansministern, fått en budget för att bekosta denna repatriering. Som exempel kommer detta att bland annat beröra de cirka 28.000 chilenare som är födda i Chile och som flydde till Sverige på grund av krisen.

Som ett led i detta arbete har regeringen avvecklat Invandrarverket. Asylansökningar har stoppats, familjeåterföringar är inte längre tillåtna och endast ansökningar från de som har sina rötter i Europa kan prövas men då som medborgare i Sverige.

Regeringen har också avvecklat Migrationsverket, eftersom ansökningarna om bosättning i Sverige och invandringen nästan helt har försvunnit. Denna uppgift ligger nu helt på polisen att sköta.

Polisen kan numera avvisa personer redan vid den svenska gränsen eller sätta dem i fängelse. Vidare har polisen numera också rätt att avhysa tiggare, bl.a. genom att utvisa dem ur landet eller genom att sätta dem i fängelse med motivet att de tillhör en annan nation och stör ordningen.

Staten via polisen har inte heller längre som sin uppgift att garantera säkerheten för de som inte lyckas svara upp mot samtliga de krav som ställs för att bli medborgare. De blir mera godtyckligt hanterade.

Regeringen har också utfärdat ett beslut om att samtliga samkönade äktenskap ogiltigförklaras och att inga nya sådana får ingås. Man lägger ansvaret för detta på den enda tillåtna kyrkan i Sverige, den kristna, som i fortsättningen har i uppgift att bara viga äkta par som består av båda könen. De samkönade äktenskap som har barn måste därför också adoptera bort sina barn, detsamma gäller för ensamstående som adopterat barn, den situation de har levt i är inte förenligt med barnens bästa, efter som barn ska ha både en far och en mor. I den utfärdade lojalitetsförklaring som man har skrivit under, står även detta angivet.

För de äkta par som vill adoptera gäller att enbart små barn och från norden får adopteras. När det gäller adoption har man utökat barnbidraget för de som adopterar svenska eller möjligen nordiska små bar. För de som trots regeringens restriktioner adopterar barn från andra delar av världen, kommer barnbidraget att kraftigt minskas eller helt dras in. Och aborter får endast genomföras efter våldtäkt eller om det finns medicinska skäl, några andra skäl accepteras inte.

Regeringen återkommer regelbundet genom Public Service's kanaler att man vill forma ett starkt samhälle bl.a. genom att se till att familjerna kan känna sig trygga, att man är i full färd med att skapa och bygga starka lokalsamhällen och en stark medborgaranda.

Med hjälp av polisen och genom bildandet av grupper som ges möjlighet att rapportera beteenden som inte främjar fosterlandet bygger man ett starkt socialt kapital och en stark gemensam identitet. Degenererande element som homosexuella måste därför bort, SD accepterar inte HBTQ-människor. Pride-festivaler och HBTQ-föreningar har förbjudits och HBTQ-människor måste få behandling för sin sjukdom.

När det så gäller företagande har regeringen genomfört förändringar i bl.a. aktiebolagslagen. Dessa innebär att enbart medlemmar i nationen får äga och driva svenska företag, sitta som ledamöter i styrelserna. Utgångspunkten enligt regeringen är att folket ska bestämma över sina tillgångar och sin utveckling.

Statens har också växlat upp sitt ansvar för den svenska kulturen. Detta innebär bl.a. att alla former av stöd och bidrag som inte gynnar den svenska nationella histroisk kulturen tas bort. Stöd kommer fortsättningsvis att enbart gå till svensk kultur. Det är också den som man lägger mest kraft i vid undervisningen i skolorna. Vidare får de museer som visar utställningar från andra kulturer ett mycket mindre anslag. Betoningen ligger genomgripande på värnandet av nationens historiska arv och kulturella särart. Därför får bara konst och musik som befrämjar fosterlandet statligt stöd. Litteratur, musik och konstyttringar från andra kulturer, särskilt om de kommer från mera avlägsna håll i världen kommer inte att premieras.

Som exempel på det senare kommer den svenska gemensamma och homogena nationen att skyddas och utvecklas, men man ger inte statligt stöd till ickesvensk kultur, t.ex. producerad och skapad av samer, judar eller asiater. Däremot kan regeringen diskutera bilateralt stöd med andra nationer om de svarar upp mot den nya svenska synen på kulturens betydelse för den nationella historien.

Kulturministern har ansvaret för att genom sitt departement godkänna nationell kultur och stöd för alla former av kultur som inte befrämjar fosterlandet har strukits ur statens budget.

Skälen bakom denna nya inriktning av det statliga ansvaret för den svenska kulturen att det är den som ligger till grund för den svenska identiteten, och att i den mera långsiktiga politiken är det den som måste värnas, bevaras, förädlas. Det är den som utgör grunden för landets nationella samanhållning. Det är också därigenom som vi når hög moral bland våra medlemmar i nationen.

I riksdagen beslutade därför också regeringen ta bort bidrag till allmän kulturverksamhet, kulturutveckling samt internationellt kulturutbyte och samarbete, bidrag till regional kulturverksamhet, bidrag till litteratur och kulturtidskrifter. Bidrag till Statens konstråd, ersättningar och bidrag till konstnärer har också dragits in, liksom bidrag till nationell och internationell ungdomsverksamhet och slutligen har statsbidraget till tidningar och tidskrifter dragits in.

Stödet till Världskulturmuséet, Mångkulturellt centrum, mångkulturkonsulenterna, litteraturstödet till böcker på invandrarspråk och bidraget till etniska organisationer har också avvecklats liksom språkstödet i skolorna och tolkar i t.ex. rättsväsendet.

Nästa steg blir att åtgärda det fackliga inflytandet. Detta gör man genom att införa allmän a-kassa, motverka de fackliga organisationernas grundläggande idéer, bl.a. genom att inte tillåta arbetet för att förhindra dödsolyckor i arbetslivet, inte satsa på förstärkt arbetslivsforskning eller tillåta skatteavdrag för medlemskap i fackförening.

Man stoppar också meddelarfriheten för de anställda i privata välfärdsföretag och rätten till barnomsorg på obekväm arbetstid. LAS luckras också upp genom att arbetsgivarna ges möjligheter att stapla visstidsanställningar på varandra

Vidare förhindrar man insatser för olika typer av arbetsmarknadsprogram. Syftet är att så småningom avveckla möjligheterna att bilda eller verka inom den form av fackliga organisationer som finns idag.

I sociala medier, som Facebook, Flaschback, Twitter och andra kan vi nu se en stark utveckling av inlägg från organisationer som NMR, Svenskarnas Parti, AfS med flera. NMR är inte helt tillfreds med Registerverket, de hade helst sett att en ren rasbedömning görs. Men samtidigt trycker de på regeringen att skicka "hem" de som inte platsar i vår nation.

Svenskarnas Parti stöttar aktivt regeringen och gör flera uttalanden om att det är bara de människor som tillhör nationen kulturellt, etniska svenskar, som ska få stanna i Sverige.

Alternativ för Sverige är mycket nöjda med de förändringar som skett i grundlagarna, men skulle egentligen helt vilja ta bort yttrande- och tryckfrihetslagarna i sin helhet.

En utveckling som upptar polisen, är hot och bränder som utvecklats inom vissa områden där de som ska repatrieras vistas. Det har vuxit fram mera militanta organisationer som agerar alltmer oprovocerat. De repatrieringsanläggningar som upprättats utsätts för mer aggressiva angrepp, bl.a. mot de som godkänts som medborgare men som är judar, färgade och andra människor som inte betraktas som vita svenskar. Stöd hämtar dessa grupper från Ungern och Frankrike bland annat. Media redovisar också ett ökande antal ageranden av olika slag mot företag, butiker och andra verksamheter som drivs av invandrare.

Mot bakgrund av de särskilda kostnaderna för att bl.a. genomföra repatrieringen, har statens budget för polisen när det gäller sådana frågor minskat, och därmed riskerar den här typen av aktioner att bli mer eller mindre ignorerande. Polisen kommer inte att ha resurser att sätta in för att begränsa dessa.

Demonstrationer som innehåller yttringar av typen hets mot folkgrupp har också de blivit fler till antalet. Det luftrum som skapats i och med den nya regeringens tillträde har snabbt tagits in av sådana rörelser som NMR.

Angreppen på enskilda människor, som det på Almedalens evenemang under 2018, kommer att tillta och bli mera aggressiva.

KAPITEL 7

UR HISTORIENS PER-SPEKTIV

UR HISTORIENS PERSPEKTIV

Sverigedemokraternas grundinställning till medborgare, folk, nation och stat och de förändringar som behöver göras i enlighet med SD:s politik tangerar starkt flera likheter med vad som hände efter NSDAP:s tillträde i Tyskland 1933.

SD använder oron kring invandringen som språngbräda och gör stora framgångar i valen (cirka var femte väljare december 2018). NSDAP använde den grogrund som orsakats av depressionen i och med börskraschen 1929, som språngbräda och gjorde stora framgångar i valet 1932. De blev största parti (var tredje väljare).

SD skiljer på "*medborgarskap och nationstillhörighet*", t.ex. är samerna en annan nation. Man kan vara medborgare men inte tillhöra nationen Sverige, "*den egna nationen ska vara fri och suverän*". I "*Mein Kampf*" skiljde Hitler mellan "*Staatsangehörige*" (medborgare) och "*Staatsbürger*" (nationsmedborgare). Detta var en av grunderna till Nürnberglagarna i Tyskland 1935. Syftet var att bestämma vilka som var tyskar respektive icke-tyskar.

SD anser att tornedalsfinnar, judar och andra folk, inte omfattas av nationen Sverige.

Därmed undantas de från människors lika värde i nationen Sverige, även om de, i enlighet med SD:s logik, har den rättigheten i sin egen nation. Inställningen att det *"visar på ett problem i demokratin när muslimer får rösta"* är en del av detta. På samma sätt agerade NSDAP mot judarna, det var just denna rättighet man undandrog judarna på 30-talet.

SD vill stoppa invandringen. De menar att så små skillnader som möjligt har en gynnsam effekt på sammanhållningen, tryggheten och stabiliteten. De menar därför att det är av största vikt vilka som anses tillhöra den nationella gemenskapen – och vilka som hotar den. Under 1920/30-talen fanns i Tyskland och i andra delar av dåtidens Europa en tydlig rasistisk antisemitism. NSDAP svarade för ett s.k. idealistiskt syftemål, ett etiskt rent Tyskland. Judarna, romerna och andra icke-tyskar menade nazisterna hotade den ariska rasen. Tongångarna från den tiden känns igen i dagens retorik från SD.

SD säger att de vill stoppa invandringen av ekonomiska skäl. Grunden är dock att de anser att den ”*utgör ett hot mot vår svenska nationalitet*”. Invandrare kan inte bli etniska svenskar, det finns, menar de, ”*en nedärvd essens*” som inte går att bortse ifrån. Under 1920/30-talen i Tyskland skrevs doktriner om en tydlig rasistisk antisemitism. NSDAP med Hitler i spetsen svarade för ett s.k. idealistiskt syftemål. Grunden var ett etiskt rent Tyskland.

SD vill avskaffa mångkulturalismen. Som ”*medlem av den svenska nationen*” måste man ”*överge sin kultur och identitet*”. En process som enligt SD, är svår, långsam och ibland omöjlig. De som håller fast vid sin gamla kultur har inget i nationen Sverige att göra. I Tyskland ansåg nazisterna att ett kulturellt rent Tyskland skulle stärka nationstillhörigheten varvid man genomförde uppsägningar och tog bort stöd för alla icke-tyska kulturella personer.

SD vill att ”*enbart konst och musik som befrämjar ’fosterlandskärlek’ ska få statligt stöd*”. Icke-svensk kultur passar inte in i det etniska Sverige. Hitler krävde 1933 att för att arrangemang skulle få stöd skulle alla judiska artister tas bort ur programmet.

SD vill att enbart medlemmar i nationen fritt ska kunna anställas av staten, det etniska synsättet. Detta får konsekvenser för många av de som idag verkar inom privat och offentlig sektor. Så kan t.ex. muslimer, judar, samer med flera som idag har anställning och sin utkomst inom vården, skolan, statliga företag med flera tvingas gå från sina anställningar. Nazisterna avskedade ett stort antal människor under 1930-talet enbart för att de var judar.

SD vill ändra i grundlagen gällande alla ”*människors lika värde*” och minoriteters ”*möjlighet att behålla och utveckla ett eget kultur- och samfundsliv*” en formulering som de vill ta bort ur regeringsformen. Minoriteterna får inte hota den svenska nationens suveränitet eller dess utveckling. NSDAP gjorde precis samma sak på 1930-talet. Främst judarna, men även andra folk,

SD har i motion till Riksdagen föreslagit att invandrare ska registreras så att man kunde kontrollera deras ursprung, eller som det mera exakt står i motionen "*att börja registrera ursprungsnationalitet inklusive statslösa, även inom den grupp som har svenskt medborgarskap.*" Skälet de anger för detta är att de vill "*möjliggöra fördjupade statistiska underlag om invandring och personer med invandrarbakgrund*". Och detta är samma åtgärder som infördes i Tyskland 1935 då den nazistiska regimen fattade beslut om de så kallade Nürnberglagarna.

Dessa lagars syfte var, på samma sätt som dagens SD, att kunna avskilja icke-tyskar från tyskar, i det fallet judar. Därmed fick de nazistiska myndigheterna kontroll över vem som skulle drabbas av de antijudiska bestämmelserna och åtgärderna. Konsekvensen av dessa lagar blev att man gjorde judar till en andra klassens medborgare och förbjöd äktenskap och sexuellt umgänge mellan judar och icke-judar. Utöver detta följde fler lagar som tvingade bort judar från ett ökande antal delar av det tyska samhället.

SD lyfter kontinuerligt fram negativa beskrivningar av andra folk, om muslimer och andra invandrargrupper, eftersom dessa enligt SD hotar det ursvenska. På samma sätt som nazisternas negativa beskrivning av juden, som representerade det osunda och det onormala. Judarna framställdes som fiender till den tyska staten och det tyska folket. Från SD:s sida framställs invandrare som ett hot mot den svenska homogena sammansättningen och därför måste man motverka det mångetniska samhället. Steg för steg skilde nazisterna judarna från övriga tyskar. Till slut skildes de från sin mänskliga identitet, avhumaniserades och förintades.

SD säger inte att svenskarna är överlägsen andra människor, men i motiven bakom, eller i de underliggande skälen till skiljandet mellan medborgare och folket, ligger snarlika tongångar. I nazityskland var målet att skapa en auktoritär stat som var rasren och som skulle byggas på en blandning av gamla traditioner och tekniska nyheter. Den nazistiska propagandan lyfte fram "*ariern*" som ett rasmässigt ideal.

SD stöttas av rörelser som Nordiska Motståndsrörelsen (NMR) och Alternativ för Sverige (AFS) vilka har påtagit sig rollen av att vara aktiva förkämpar för den ideologi som SD grundar sig på. I slutet av 1920-talet och under första hälften 1930-talet fanns det rörelser som kom att spela en central roll i förverkligandet av nazisternas politik. Förföljelser, bränder, och mot slutet även mord förekom "*med nazisternas goda minne*". Under nazisternas tid under början av 1930-talet i Tyskland, och då främst efter det att Hitler tillträtt som kansler, fanns det inom och ibland utanför NSDAP grupper som bar på orubblig antisemitism, kraftiga nog att befordra och ge spridning åt inflytandet från Hitlers egna utspel.

SD har de senaste årtiondena vuxit sig allt starkare. Flera av de övriga partierna i den svenska riksdagen har dragit sig för att föra adekvata diskussioner med eller gå till angrepp mot och avslöjat SD och deras grundläggande värderingar, deras omvälvande syn på samhällets utveckling. Några partier kan dessutom tänka sig samarbeta med SD i tron att man ändå kan behålla makten över besluten utan konkreta ultimativa påtryckningar från SD. Bland de traditionella eliterna i nazityskland och inom befolkningens bredare lager möttes den anti-judiska hållningen mer med tyst samtycke eller olika grader av foglighet. Man var bland befolkningen medveten om de allt hårdare åtgärder som vidtogs mot judarna men man tog inte avstånd mer än på några få håll. Och detta kan sammanfattas som resultatet av en noggrann, oförsonlig och enveten propaganda väl genomförd av NSDAP. SD bedriver ett likvärdigt, målmedvetet och väl planerat arbete inte helt olik denna.

SD anger som en av sina grundpelare att man ska vara "*född eller i tidig ålder adopterad till Sverige av svensktalande föräldrar med svensk eller nordisk identitet*". Då kan man bli medlem i nationen Sverige. I annat fall kan man i bästa fall bli medborgare utifrån att ha uppfyllt ett antal krav och väntat i 10 år. Dessutom har SD på olika sätt framfört krav på att alla som invandrat efter 1970 ska repatrieras och att det helst inte ska finnas några invandrare i Sverige. I Hitlertyskland hette det under punkten 8 i NSDAP:s partiprogram att ”*Varje vidare invandring av icketyskar ska förhindras*”. Vi vet alla hur det gick.

SD har istadigt stridit för tiggeriförbud, ett mera juridiskt oantastligt sätt att underbygga möjligheterna för fattiga människor att på laglig väg skrapa ihop en liten försörjning. De har trots flera utredning påstått att tiggeriet varit organiserat, drivits av olagliga organisationer, att tiggarna har gott om pengar m.m. och drivit kampanjer, större i Stockholm, och mindre på andar orter samt genom förslag i flera kommuner.

I september 1933, drev nazisterna en hård kampanj i flera av landets tidningar med följande innehåll: ”*Stoppa tiggarplågan*”, ”*stoppa det organiserade tiggeriet*”, ”*yrkestiggarna är en plåga*”, tiggeriet var ett ”*organiserat, in-*

komstbringande yrke", tiggare och romer bedrog "*sociala hjälporganisationer*" och städers "*socialhjälp*".

Under en vecka, mellan den 18:e och 25:e september 1933, lät nazisterna arrestera alla (!) Tysklands tiggare. Som ju dagens SD vill i vårt land. Och på 1930-talet var detta som bekant bara början. Under de närmaste åren, då nazisterna fått makten, arresterade och mördade de flera "asociala", förde dem till arbetsläger, och från 1938 sattes de i koncentrationsläger i större skala. SD bedrev en kraftig kampanj mot tiggeriet inte minst i Stockholm och dess tunnelbana där anslaget fanns.

SD menar att polisen ska ta över Migrationsverkets uppgifter. En uppgift som SS hade på Hitlers tid där de skulle bekämpa nazisternas motståndare i landet. Det var också denna grupp som så småningom tog över säkerhetstjänsten i det tyska riket.

SD talar om "*starka och trygga familjer*", "starka lokalsamhällen", "*stark medborgaranda*", "starkt socialt kapital" och "*stark gemensam identitet*". Mussolini ville forma ett starkt samhälle med en stark nationell identitet. Han talade om att samla folket under en stark stat med ett stolt historiskt arv, en gemensam historia och med hos individerna ingjutande av styrka och framtidstro och med resning hos folket. Staten ska domineras av ett enda parti.

SD anser att degenererade element som homosexuella måste bort, man accepterar inte HBTQ-människor. De accepterar inte heller *"adoption för såväl ensamstående, som samkönade par och polyamorösa grupper"*. Deras syn på könsroller, kvinnas uppgift och mannens roll i samhället har sin grund och sina uttolkare i den italienska fascismens och den tyska nazismens tillämpning. 10.000-tals homosexuella i nazityskland jagades, fängslades och sattes slutligen i koncentrationsläger

SD talet om *"nedärvd essens"* tillsammans med formuleringar som att vi formas av vår omgivning och av *"vårt historiska, kulturella och sociala arv"*. Dessa formuleringar används av SD i syfte att understryka att vi inte är lika, att inte alla människor har samma värde och därmed att inte heller alla platsar i den svenska nationen. Nazisternas syn på judar, slaver med flera folk var densamma om än tydligare eftersom de ansåg ariern som överlägsen övriga folk.

SD strävar efter det etniskt homogena samhället. Vi ska värna det svenska historiska arvet som har tusentals år på nacken, enligt SD:s tänkesätt. Och en av grunderna för att gynna utvecklingen mot detta samhälle är att *"enbart konst och musik som befrämjar 'fosterlandskärlek' ska få statligt stöd"*. Tittar man tillbaka i tiden till 1930-talets Tyskland, var kulturen det område som icketyskar (och vänstersympatisörer) drevs bort ifrån i större mängd. Det är inte en slump att dagens SD använder kulturen som vapen i sin nationalistiska kamp.

SD-företrädare som är mindre nogräknade avseende att vara taktisk i sin uttalanden för SD, anser att homosexualitet är lika med avloppssex, eller att bi-, homo- och transpersoner kan liknas vid tidelag, att Pride-festivalerna är sjukliga jippon och utgör ett hyllande av perversioner och dekadens. Vidare har Jomshof sagt att transpersoner borde steriliseras.

Ett nedvärderande resonemang, eller snarare en smygande devalvering av människovärdet med underströmmar av förakt för intolerans. Detta skapar osäkerhet och rädsla för att inte accepteras i nationen och ger även utrymme för mindre nogräknade grupper och organisationer, vilka vilar på samma grunduppfattning som SD, att agera – med SD:S goda minne. Och detta är en farlig och fascistisk eller nazistisk utveckling.

SD anser att man ska vara född i Sverige av svenska föräldrar för att kunna räknas som medlem i nationen. Sådana som fotbollsspelaren Zlatan Ibrahimovic, som Nasir Gill från Pakistan, Nyamko Sabuni, Ibrahim Baylan, Ardalan Shekarabi och många fler, chilerna som kom hit efter 1973 t.ex., anser SD möjligen kan bli medborgare, men de ska då ha svarat upp mot kraven och skriftligen förklarat sig lojala mot nationen (partiet). Det finns exempel på även detta från nazisernas tid på 1930-talet.

Praktiskt gick nazisterna tillväga enligt det följande exemplet för att omsätta denna politik, och med samma grundtanke som SD. Vid firandet av 100-årsminnet 1933 av Brahms i Hamburg, angav man att Hitler skulle vara beredd att bli evenemangets beskyddare. Hitler ställde då kravet eller villkoret att alla judiska artister skulle strykas ur programmet. Vidare skulle medlemmarna i en litterär sektion i akademien bevisa sin rätta nationella hållning genom att underteckna en lojalitetsförklaring. Samma krav som SD ställer idag avseende lojalitetskrav.

SD kan i sitt politiska värv och om de kommer till makten, få aktivt stöd av nazistiska och fascistiska rörelser som NMR, NAH, Svenskarnas Parti med flera. Vi kan förvänta oss ett ökande antal ageranden av olika slag mot företag, butiker och andra verksamheter som drivs av invandrare. Liksom tydligt minskande möjligheter för dessa att kunna starta företag, få anställning och stöd. Med sådana organisationer som NMR, som redan idag visar ett tydligt nazistiskt ansikte, blir det inte förvånande att dessa kan komma att stå bakom mer bryska metoder. I det fall SD skulle sitter vid makten blir möjligheterna och tillåtelsen, eller snarare blundandet, från SD för denna typ av aktioner, blir därmed rättsligt betydligt mindre kostsam och mer eller mindre accepterad. I och med att SD ges makten över regeringsformens innehåll, rättsväsendet och polisen blir förutsättningarna för den här typen av aktioner, i enlighet med ideologin formulerad som nationsbefrämjande, från dessa rörelser mer eller mindre ignorerandet av "*makten*" eller i vart fall blir påföljderna lindriga. Vi kan även här göra en koppling till nazismen på 1930-talet. Då utlystes en landsomfattande bojkott av judiska affärer den 1 april 1933. Hitler hade kommit till makten 30 januari samma år.

Uniformerade och ibland beväpnade nazister stod utanför butikerna och hindrade kunder från att gå in. Samtidigt proklamerades i media ett fördömande av alla affärer som ägdes av judar. Denna officiella bojkott varade bara en dag, men den gav inspiration till ytterligare ageranden på lokal nivå runt om i landet. Det är också viktigt notera att denna typ av aktioner klargjorde att anti-judiska aktiviteter stöttades av regeringen.

Detta öppnade för mer eller mindre våldsaktioner av enskilda och grupperingar av mindre nogräknad men tydligt nazistisk karaktär. En vecka senare kom den första antijudiska förordningen, den s.k. "*ariska klausulen*" som innebar att judar kunde avskedas från offentliga tjänster utan anledning. I dagens Ungern finns förutom Fidesz ytterligare ett parti, Jobbik, vilket har utnyttjat tillfället att fränt agera när Fidesz kommit till makten.

Det har blivit ökänt för sin fräna antisemitiska och antiromska politik och det sprider skräck främst bland romer genom sin paramilitära nyfascistiska gruppering Magyar Garda, Ungerska gardet. De har genom våld och skrämsel givit sig på minoriteter och politiska motståndare.

KAPITEL 8

VAD DU FAKTISKT RÖSTAR PÅ –

MEDVETET

Vad du faktiskt röstar på

Du som röstar på Sverigedemokraterna tror på dem och deras politik. Du anser att det är de som kan rädda Sverige och ge trygghet, rättvisa och lyfta fram Sverige internationellt genom att inte låta oss påverkas av andra.

Du som har röstat på SD i de senaste valen är vanligen manlig arbetarklass med anställning och kanske proteströstare, eller också är du pensionär, erfaren och mogen. Men, du vet också mycket väl vad du röstar på.

MEN - röstar du på Sverigedemokraterna, röstar du på:

1. Att samer, judar, romer, tornedalsfinnar, och invandrare som muslimer med flera inte räknas till de som ska få rösta till Sveriges riksdag
2. Att alla dessa tillhör en annan nation och inte den svenska

3. Att bara de som är födda av svenska föräldrar eller möjligen personer från norden adopterade av svensktalande föräldrar får vara medlemmar i nationen
4. Att bara de som räknas till dessa kan väljas i val till riksdagen
5. Att alla andra räknas som medborgare, inte som medlemmar i nationen
6. Att medborgarna har mycket svårt att kunna bli medlemmar i nationen, de har en annan essens än den svenska
7. Att kulturarbetare bland dessa medborgarna inte längre ska få statligt stöd
8. Att kulturella inslag från andra delar av världen inte ska ges någon plats i nationen
9. Att kvinnan inte ska få bestämma över sin egen kropp
10. Att spel uppfunna i Japan (Pac-Man), Kina, Ryssland (Tetris), USA (många) inte är befrämjande för den svenska kulturen

11. Att de som kommit till Sverige sedan 1970, inklusive de som fötts av dessa invandrare, ska utvisas ur Sverige
12. Att alla som begått något som helst brott i Sverige ska utvisas direkt
13. Att flera offentliga och privata verksamheter i Sverige ska förlora flera 100.000 arbetande skattebetalare som invandrat sedan 1970 och jobbar i vården, skolan med flera verksamheter
14. Att sådana personer som Zlatan Ibrahimovic, Nasir Gill, Nyamko Sabuni, Ibrahim Baylan, Ardalan Shekarabi, Jay Smith, Kevin Walker, Liam "Liamoo" Cacatian Thomassen, drottning Silvia och många fler ska utvisas ur Sverige
15. Att taxor, skatter och handel kommer att bli betydligt dyrare då Sverige inte längre tillhör EU där våra största handelspartners finns

Mina frågor till dig är: vill du att alla dessa 15 punkter ska bli verklighet? Vill du att cirka 2,4 miljoner människor som nu bor i Sverige inte längre ska räknas som svenskar? Vill du därmed att vi ska ha det som det var i 1930-talets Tyskland?

Hur funderar du om du svarar nej på någon av dessa punkter? Anser du att den framtid SD har som sitt egentliga mål, om de vinner makten i riksdagen, är den du faktiskt vill ha?

KAPITEL 9

SAMMANFATTNING, SUMMERING OCH AV-SLUT

Sammanfattning

Sverigedemokraterna är ett parti som i grunden vilar på en människosyn som har en helt annan värdering av människan än den liberala och sociala. Och det samhälle de vill skapa strider mot den över hundra år långa kampen för det samhälle vi har idag.

SD är ett parti som har förutsättningar att driva igenom sin politik med den grundsyn de har. Särskilt inte med tanke på hur detta parti tillåts styra debatten i vårt land genom övriga partiers retorik, dels genom att fångas av den, dels genom svagheten i den. Och i vissa fall mer eller mindre positiva inställning till samarbete med dem.

SD är ett parti som till stora delar följer de vanliga teorierna om nationalism, även om de försöker undvika att koppla nationalism till ras utan i stället till kultur. Kultur ingår dock som en faktor tillsammans med ras, etnicitet mm, i FN:s definition av rasism. En ståndpunkt de svenska partierna ställt sig bakom. Detta innebär att SD inte har en demokratisk inställning till alla de människor som bor i Sverige.

SD är ett parti som vill att Sveriges medlemmar främst ska utgöras av vad de i enlighet med sin nationalism kallar för etniska svenskar, eftersom ingen annan kan anpassa sig till vår ”ursprungliga” kultur och våra gamla traditioner. Det är i grunden, rent praktiskt och i regeringsställning samma politik som nazisterna utvecklade gentemot romer och judar. SD vill genom sin politik ta samma väg mot muslimer och andra.

SD är ett parti som inte försvarar att ”alla individers grundläggande människovärde och alla folks rätt till självständighet och demokratisk utveckling”. De har problem med just begreppen folk och folkstyre.

SD är ett parti som vuxit starkt i vårt moderna samhälle och med vårt medvetna agerande. De flesta övrig partiers undfallenhet, deras foglighet i retoriken gentemot SD, och det utrymme de ges möjlighet att ta inom debatten samt utväxlingen i det massmediala utrymmet är exempel på detta.

SD är ett parti som påstår att invandringen ökar oron i samhället. Enligt forskning är förhållandet det motsatta. Attityderna blir allt mer positiva, interaktionen mellan infödda och utlandsfödda ökar och rasmimens politiska följder (till nackdel för SD) minskar, när invandringen är högre.

SD är ett parti som vi andra i vårt samhälle låtit växa och utvecklas. Vi har medgett och frambringat deras ideologi och vi tillåter dem demokratiskt att använda redskap av olika slag gentemot andra människor i deras etniska rensning. Och denna etniska rensning är enligt mitt förmenande allt annat än en vardaglig vanlig svensk demokrati.

SD är ett parti som vilar på samma politiska samhällssyn som nazisterna under 1920-talets Tyskland. Därför är det farligt att på vilket som helst sätt ge SD någon som helst möjlighet att påverka styrningen av vårt land via riksdagen.

SD är ett parti som kräver och ställer ultimativa krav på att få påverka utvecklingen i Sverige. Det är därför en skrämmande utveckling att verka undfallande och, via omröstningar i riksdagen, ge SD möjlighet att påverka riksdagsbesluten.

Summering

I det fall SD får över 30% av rösterna ställer Åkesson krav på statsministerposten. För övrigt ungefär samma siffror som Hitler fick i valet 1932 då han fick kanslersposten.

Därmed skapas förutsättningarna för SD att omvandla det svenska samhället till, i enlighet med principprogrammet, ett samhälle enbart bestående av människor som är födda i Sverige av svenska föräldrar eller möjligen i tidig ålder adopterade av svensktalande föräldrar.

SD använder invandringsfrågorna och migrationspolitiken som språngbrädor för att locka till sig väljare. Man utnyttjar människors osäkerhet och oro, på mer eller mindre oriktiga siffror om arbetslöshet, brott och flyktiga, vinklade rapporter och mer eller mindre trovärdig forskning.

SD:s framtida svenska nation utesluter alla andra folk, inklusive urfolken, tornedalsfinnarna med flera från att kunna påverka utvecklingen i Sverige. De kan möjligen tillåtas existera i landet som kulturella autonomier.

Rösträtten förändras och inskränks till medlemmarna i nationen, de som SD kallar folket. Grundlagarna förändras och Migrationsverket och Invandrarverket läggs ner. Deras funktioner flyttas över till polisen som dessutom får makten att fängsla och/eller utvisa icke-svenskar.

Rättstryggheten, den allmänna och lika rösträtten, likheten inför lagen och liknande gäller inte längre andra folk än nationella svenskar. Alla andra tillhör andra nationer och har deras system att rätta sig efter, de ska inte längre vistas i Sverige.

Den direkta politiska makten över rättsväsendet, public service och enskilda individers beteenden skärps och styrs direkt av ministrarna i regeringen, varför ett bevakningssystem måste utvecklas. Den styrande eliten bestämmer vad människor ska få för nyheter och har makten att välja vilka som ska ställas inför rätta.

Alla som invandrat efter 1970 registreras, även de som är födda i Sverige av invandrade föräldrar. Dessa register används sedan för att genom en kravlista och lojalitetsdeklaration få underlag och kontroll, samt kunna visa ut dem till sina ”hemländer”. Alla invandrare som på något sätt begått vilket som helst brott utvisas direkt.

Det samhälle vi får med Sverigedemokraterna som styrande regeringsparti, blir ett samhälle som i mycket liknar det tyska 1930-talet eller de italienska 1920- och 30-talen

Vad händer sedan?

Avslutning

Jag väljer att avsluta med tre citat:

Carl Bildt:

"Välj inte ett parti vars idéarv orsakat så mycket lidande".

– "Lär av historien. Många som väljer SD gör det nog som missnöjesyttring snarare än att de delar det nästan fascistiska idéarvet i partiets botten. Men extremistiska tolkningsramar riskerar att normaliseras om SD får stort stöd. Anständiga medborgare ger helt enkelt inte sin röst till en sådan rörelse".

I DN Debatt 13 september 2014

Jan Björklund:

"De liberala idéerna har byggt mänsklighetens mest framgångsrika samhällen som vi har förmånen att få leva i. De präglas av individuell frihet, demokrati, tolerans, öppenhet, jämställdhet och mångfald. Högernationalismen har också prövats fullskaligt i Europas 1900-tals-historia. Den har alltid lett till Europas största tragedier".

Pressmeddelande ”Dagens regeringsbildning” 18 januari 2019

Fredrik Reinfeldt

”Jag vill påminna er om att vi är en nation som har stått upp och varit öppna förr i tider då människor har utstått svår prövning. Vi har nu människor som flyr i antal som liknar det vi hade under Balkan-krisen i början av 1990-talet. Nu vädjar jag till svenska folket om tålamod, om att öppna era hjärtan för att se människor i stark stress med hot mot det egna livet som flyr, flyr mot Europa, flyr mot frihet, flyr mot bättre förhållanden. Visa den öppenheten. Visa den toleransen när det heter att ”det blir så många”, ”det blir krångligt”, ”det blir svårt”. Visa den toleransen och visa också att ni minns att vi har gjort det förut. Vi har sett människor komma från stress, fly från förtryck, som sedan kommit in i vårt samhälle, lärt sig det svenska språket, fått jobb och nu hjälper till att bygga ett bättre och fria Sverige”.

Sommartal, Norrmalmstorg, Stockholm 16 augusti 2014

KÄLLOR

Litteratur

Abdulsomad Firdaus — *Andrafieringen av tiggare, En studie i framställningen av tiggare i debatten kring för bud mot givande till tiggare.* Lunds universitet

Arnstad Henrik — *Älskade fascism: de svart bruna rörelsernas ideologi och historia,* Nordstedts 2013

Baas David — *Bevara Sverige Svenskt, Ett repor tage om Sverigedemokraterna.* Mån pocket 2014.

Betghe, Herman — *Der Führer – sein Leben – sein Werk,* A.W:. Zickfeldt Verlag 1939

Bojs Karin, Sjölund Peter — *Svenskarna och deras förfäder – De senaste 11 000 åren.* Månpocket 2018

Brown David — *Contemporary Nationalism: Civic, Ethnocultural & Mutlicultural Politics.* Cambridge: University Press, *2000*

Buber Martin — *Brev. Till filosofen och pedagogen Ernst Simon.* Stanford Encyclopedia of Philosophy 14 februari 1932.

Byström Mikael, Frohnert Pär (red)
Reaching a State of Hope: Refu gees, immigrants and the Swedish welfare state,1930–2000. Nordic Academic Press 2013

Chapel Hill — *Expert Survey Datasets on party positions across Europe*, CHES 2017

Ekman Mikael, Poohl Daniel.
UT UR SKUGGAN, En kritisk granskning av Sverigedemokraterna. Natur & Kultur 2010

Expressen — *Sverigedemokraternas 33 punkter.* Publicerad 11 februari 2007

Fredrickson Georg M — *RASISM, en historisk översikt.* Historiska Media 2013

NSDAP — *Program,* nationalsocialistiska tyska arbetarpartiets program. 24 feb ruari 1921.

Friedländer Saul — *Förföljelsens år, 1933-39.* Natur & Kultur

Gerle, Elisabeth — *Farlig förenkling; om religion och politik utifrån Sverige demokraterna och Humanisterna.* Nya Doxa 2010

Griffin, Roger — *The Nature of Fascism*. New York, St. Martin's Press, 1993.

Hammer Ebba — *Sverigedemokratisk nationalism En idéanalys av Sverigedemokraternas ideologiska placering inom nationalismen,* Statsvetenskapliga institutionen, Lunds universitet

Hedström Peter, Müller Tim — *Right-wing populism and social distance towards Muslims in Sweden – Results from a nation-wide vignette Study*. Digitala Vetenskapliga Arkivet, DiVA, 2014

Herin Pontus — *I Djursholm och Tensta kindpussar vi varandra*. Forum 2008

Hitler; Adolf Hitler — *Bilder aus dem Leben des Führers.* G.m.b.H.Cigaretten-Bilderdienst 1936

Johansson Heinö Andreas — *Gillar vi olika?* Timbro 2012.

Kallis, Aristotle — *The Fascism Reader, London.* Routledge, 2003

Karlsson Ingela — *Die Nürnberg Besetze*. Forum för levande historia

Karlsson Nils — *Lagrådets roll — idag och imorgon. Ett rättsekonomiskt perspektiv på Grundlagsutredningens förslag.* Svensk Juristtidning 2009 sid 269

Kvist Karin — *ETT FRÄMMANDE ELEMENT I NATIONEN Svensk flyktingpolitik och de judiska flyktingarna 1938–1944.* Geverts, Uppsala University Holocaust and Genocide Studies, Publications 2, 2008

Larsson Stieg, Ekman Mikael — *Sverigedemokraterna. Den nationella rörelsen.* Ordfront Förlag 2001

Leandersson, Jens (red) — 20 röster om 20 år: Sverigedemo kraterna 1988–2008. Blåsippans Förlag 2008.

Lodenius Anna-Lena, Larsson Stieg — *Extremhögern.* Tiden 1994

Orbàn, Viktor — *A migráció az a rozsda, ami lassan, de biztosan fele mésztené az ors zágunkat (Migration är den rost som långsamt men säkert skulle sluka vårt land).* Magyar Idők, MTI (HungarianTimes) 2018-04-07

Pooh, Daniel	*Sverigedemokraternas vitbok, Ras ismen, hatet och våldet partiet vill att vi ska glömma 1988-2014.* EXPO
Sabuni Nyamko	*DET NYA SVERIGE. Min vision. Min väg.* Ekerlids Förlag 2010
Sandelind Clara (red)	European Populism and Winning the Immigration Debate, forskar-antologi, University of Sheffield. European Liberal, Forum 2014
Sannersted Anders	*Hur extrema är Sverigedemokrater na?* SOM-institutet, 2014 års undersökning. Göteborg
Sjöberg Lars-Arne	*Nya Sverige och de nya svenskarna: mångfaldens möjligheter och utma ningar.* Karlstad universitet, Book on Demand Förlag 2018
Sjöberg Lars-Arne	*Sverigedemokraterna: Inifrån och utifrån. Karlstad universitet,* Book on Demand, Stockholm 2016
Slätt Richard (red)	*Sverigedemokraterna från insidan; berättelsen om Sveriges största parti utanför riksdagen.* 2004. Hja marson&Högberg, Expo.

Socialdemokraterna Valet 2006. Valanalysens slutrap port. Bertil Andnor sammankalande. Socialdemokraterna 2006

Socialdemokraterna Valet 2010. Valanalysens slutrap port. Morgan Johansson, ordfö rande. Socialdemokraterna 2010

Sorkin, David The transformation of German jewry. 1780-1840. Wayne State university Press 1999

Vergara Daniel *Så extrema är SD i Riksdagen,* EXPO 2015-10-13.

Åkesson Jimmie *Åkesson om.... Vecka 40 – 52 2008.* Blåsippans Förlag 2009

Tidningsartiklar

Alm Thomas *SD:s principprogram innehåller ras biologi.* DN-debatt 2018-06-01

Baas David, Holmén Christian *Almqvist och Ekeroth beväpnar sig med järnrör.* Expressen 15 no vember 2012

Bieler Paula *Den som vill kritisera SD bör läsa på först.* Dagens Samhälle, 2015-07-07 och 15

Bildt Carl *Välj inte ett parti vars idéarv orsakat så mycket lidande.* DN debatt 2014-09-13

Ehne Sandra, Linde Hans *SD:s motstånd mot hbtq-personers rättigheter omsätts i praktisk politik.* RFSL respektive RFSU. Sydsvenskan 2018-11-08

Elfving Cecilia, Gerdes Hanna *Med SD:s politik blir det ingen jul.* Dagens Samhälle 2018-12-21

Enarsson Ann-Therese, Mellin Carl *"Det är inte invandringen som får folk att rösta på SD"* Expressen Debatt 19 mars 2018

Grafström Jonas *Tiggeriförbud för in Sverige på Rysslands väg.* Dagens Samhälle, 2015-08-12

Heimersson Alicia *Liberalerna säger blankt nej till samarbete med SD.* Dagens Arena, 2018-02-22

Holmberg Håkan *Mångfald och människovärde.* Uppsala Nya Tidning, 2018-08-19

Kinberg Batra, Anna — *Nej, Åkesson – därför kan vi inte samarbeta.* Aftonbladet 2016-11-28

Lindberg Anders — *Finns inget som heter demokratisk rasism,* Aftonbladet, ledare, 2018-07-01

Lindberg Anders — *SD har rötter i nazistgrupper,* Af tonbladet, ledare, 2017-01-31

Lindberg Anders — *SD:s nazirötter är värre än vi vetat,* Aftonbladet, ledare, 2017-05-17

Lindblad Hans — *Hård och utdragen kamp om röst rätt och parlamentarism.* Tidningen NU nr 50/2018

Lundgren, Linnea — *M- och KD-väljare vill se förhand lingar med Sverigedemokraterna.* Expressen 2018-11-04

Mellin Lena — *Kristersson har inte gett upp hoppet – men Åkesson säger nej.* Aftonbla det, 2019-01-10.

Nilsson Mikael — *Skrämmande likheter mellan SD:s partiprogram och Mein Kampf,* Uppsala universitet., Dagens Arena, 1 september 2016

Olofsson Morgan — *SD växer – nu måste vi skydda demokratin.* Aftonbladet 2018-02-09

Orrenius Niklas — *Den leende nationalismen.* Intervju med Björn Söder. DN 2014-12-14

Persson, Hans-Åke — *En smygande normalisering har skett av SD:s värderingar.* DN-debatt 2018-08-17.

Sjöberg Max — *SD:s problem är mer än deras histo ria.* Debattartikel Göteborgspos ten 27 juni 2018

Svensson, Niklas — *Kindberg Batra: SD:s väljare är inte rasister.* Expressen 2016-08-30

Swedin Daniel — *Ett folk, ett land och ett medborgar skap,* Aftonbladet, ledare 2018-08-27

Tankesmedjan Tiden — *Sverigedemokraterna – ett hot mot Sveriges löntagare.* LO 2014-03. Stödpartiet – en analys av hur Sverigedemokraterna röstat i riksdagen.

Tingsten Herbert — *”Det andra Tyskland”.* Dagens Nyheter 1949-08-11

Widqvist Ulf-Göran — *Var så god, en liten grundkurs i fascism.* Södermanlands Nyheter, 2018-11-22

Åkesson, Jimmie — *Alliansregering är inte så intressant.* Affärsvärlden 2018-09-27

Sverigedemokraterna

Ett partis framväxt. Sverigedemokraterna 1988–1991. 1993

Slut på politiska experiment – en oppositionsbudget med medborgarnas bästa i fokus. Budget 2019 för Region Stockholm.

Partiprogram, antaget 1989

Partiprogram, antaget 1994

Partiprogram, antaget 1996

Principprogram, antaget 2011

Partiprogram 2014

Valplattform 2018

Valmanifest 2018

Statistik

Utrikes födda i Sverige, SCB, 2018-11-06

Motioner till riksdagen

Ekeroth Kent *Reformering av lag om behandling av personuppgifter.* Riksdagsmotion 014/15:1106

Lång David, Jansson Mikael *Medborgarskapets betydelse.* Riksdagsmotion 2014/15:2911

Millard Jonas, Eriksson Fredrik, Reslow Patrick: *Utgiftsområde 1, Rikets styrelse* Motion 2017/18:2524.

SD-motioner till Riksdagen (cirka 500 st), *Allmänna motionstiden 2015,* Riksdagen

Nätet

altnorden.se, *hemsidan*

Arnholm Maria: *Varför är det så otänkbart för Liberalerna att samarbeta med Sverigedemokraterna?* Liberalernas hemsida, 2017-02-28

Berglin Anna *SD-ordförande: Homosexualitet är orent.* Inte rasist men...

Björklund Jan — *”Högernationalismen har också prövats fullskaligt i Europas 1900-tals-historia. Den har alltid lett till Europas största tragedier”* Press meddelande ”Dagens regerings bildning” 18 januari 2019

Bush-Thor, Ebba — Kristdemokraternas Facebooksida

Ekengren Oscarsson, Henrik — *Den svenska partirymden 2016.* En forskarblogg om val, opinion och demokrati

EXPO — *Altright och Nordisk Alternativhöger 2018-10-12*

Åkesson, Jimmie — *Facebook,*

Nilsson Jesper — *SD:s dubbelmoral,* rjespernilson.blogg.se. 2016-08-13

QX-redaktionen — *Han lämnar SD i protest – så ser SD på homosexuella.* Jesper Nilsson 2015-08-06

samer.se, — *hemsidan*

Söder Björn — *Centerpartiets Facebooksida*

Sveriges Radio och Sveriges Television

Busch Thor, Ebba	*"Jag är väl mest orädd för att till träda med ett stöd i riksdagen som även inkluderar Sverigedemokrater na"*. "Bara politik", Live-TV i Ex pressen, 2018-10-17.
Busch Thor, Ebba	*"KD-ledaren om inflytande från SD: 'Saknar grund i verkligheten'"*. Agenda, SVT, 2018-11-11.
Karlsson, Mattias	*Intervju*. Dagens Eko, Sveriges Radio, 2007
Kristersson, Ulf	*Om Sverigedemokraternas infly tande*. "Bara politik", Live-TV i Expressen, 2018- 12-17.
Knutson Mats	*"ANALYS: SD vill bygga det 'moder na folkhemmet'"*. SVT, 2018-05-29
Lööf, Annie	*"Vi kommer aldrig att förhandla med SD"*. SVT Nyheter, 2018-07-04

Övrigt

Reinfeldt Fredrik	*"Jag vill påminna er om att vi är en nation som har stått upp och varit öppna förr i tider då människor har utstått svår prövning."* Sommartal,

Norrmalmstorg, Stockholm 16 augusti 2014

Bilder

Jimmie Åkesson	Jimmie Åkesson International Policy Digest, 2018-09-15. Binoy Kampmark
Ur SD:s Valprogram	Källa: Sverigedemokraternas par tiprogram 1994 respektive 1989
David Bergquist	Källa: jamstalldhetsfemi nistern.wordpress.com. 2018-09-03
Leggi fascistime	Källa: L'ascesa del fascismo (Fascismens framväxt). Gianleone Marino. Powerpointserie *Partito Nazionale Fascista Statuto* Källa: Instituto Poligrafico dello Stato
GAL/TAN-skalan	*Källa: Partirösten, Henrik Ekengren Oscarsson, Grafik: SVT Grafik*
Regeringsformen	Källa: Karpov Group 2018
Det vi behöver är återvandring	Källa: Sverigedemokraterna. Fa cebook 2018-04-30

"Muslimerna är vårt största utländska hot"

Jimmie Åkesson, Källa: inte rasist men..

Plenisalen

Källa: Sveriges Riksdag Foto: In gemar Edfalk

Stilling Maja

Arbetarparti eller arbetarfiende? Källa: Tankesmedjan Tiden Nr 2 2018

Rikskabinettet under A Hitler

Källa: Bundesarchiv, Bild 183-H28422 / CC-BY 3.0. Sittande: Hermann Göring, Adolf Hitler, Franz von Papen, Stående: Franz Seldte, Dr Günther Gereke, Lutz Graf Schwerin von Krosigk, Wilhelm Frick, Werner von Blomberg, Alfred Hugenberg

Våld mot judar

Källa: Saul Friedländer Tredje riket och judarna. Natur & Kultur

Delar av SD:s partiprogram 1996

Källa: imgur.com/iHFc98

"Das Programm Der Nationalzosicalistische Deutschen Arbeterpartei"	Källa: Betgghe, Herman, Der Führer – sein Lebeen – sein Werk. A.W. Zickfeldt Verlag 1939
"Kan vi hjälpa romerna ska vi göra det"	Richard Jomshof ur SVT:s debatt angående romernas situation i Sverige
Victor Orbán,	Premiärminister Ungern, Foto: Panoramic Källa: International/C. Licoppe
Jimmie Åkesson,	Migrationsverket. Källa: samhälls-nytt.se. Foto: Arkivbild/SD
Der Stürmer	"Menedsjudar på flykt" februari 1928, "Kampen mot jävulen" september 1941
"Sverige åt svenskarna"	Klistermärke, okänt datum. Källa: SD-arkivet, dekaler.
"Minoritetsgrupperna i Sverige är inte svenskar"	Björn Söders svar till Annie Lööf. Källa: facebook/Centern

Straffskatt om du gifter dig med en utlänning

Ur SD:s partiprogram. *Källa:* jamställdhetsministern.wordpress.com. 2018-09-03

"Ein Bettler steht vor Deine Thür"

Källa: Staatsarchiv Hamburg

Källa: Centerns hemsida

"Hur många butiker i din stad ägs av invandrare" Klistermärke.

Källa: polimasaren.se/sverigedemokraterna

Repatriierung – Ausweis Källa: Vancouver Holocaust Education Center, Baltuch, Schmucker family

Söder Björn I debatt med Adam Dubrani och beskyllningen att Dubrami förringar svenskheten. Riksdagens kammare. Källa: slutpixlat.se

Nationalism Källa: SD-Kuriren juni 2015

"Rättsväsende…bör stå under statlig kontroll"

Källa: SD:s principprogram Avsnitt 6, sid 17

Strajk Kobiet Demonstration mot den katolska kyrkans inblandning i lagstiftningen om kvinnor

”Att genom hjärntvätt utrota det naiva och snälla svenska bonde-folket…:” Källa: Granskning Sverige. Youtube.com/radio

”Månadedns landsförrädare”

Källa: SD-Kuriren nr 18 1992

”…försöker att inte kontinuerligt lyfta fram rasistiska…”

Källa: jamstalldhetsfemi nistern.wordpress.com. 2018-09-04

”…att kvinnor inte förmår ta till sig av verbal kritik…och således endast är mottaglig för en resolut örfil eller dylikt”

Källa: FridaJ ”Handmades

taie=Sverige?

20 augusti 2018

”Skit i den lilla horan”..”Män har ofta bättre åsikter”

Källa: FridaJ ”Handmades taie=Sverige? 20 augusti 2018

“Dessa sexuella avarter är inte normala och kommer aldrig att vara normala” Björn Söder. Montage Daniel Garpebring Källa: Motargu ment 2018-08-18

".... den aidsdoftande Shamefestivalen.....

Källa: #interasistmen 1 augusti 2013

"Polen is home to the toughest abortion laws...."

Källa: CNN, Eliza Mackintosh 2018-03-23

"Die untreue hat unser volk einst geschlagen. Die treue wird uns einst wieder erlösen". Källa: Veckoblad från Adolf Hitler 11 – 17 oktober 1942

Alternativ för Sverige, valinformation.

Källa: Dagens Nyheter augusti 2018

Demonstration av Svenskarnas Parti i Stockholm den 30 augusti 2014. Källa: Wikipedia. Foto: Frankie Fouganthin

"Hjälten Dunly och skylten på Stureplan".

Källa: Youtube, Nordisk Alternativhöger 28 maj 2018

En judisk butik i Heilbronn i Tyskland.

Bojkottdagen den 1 april 1933. Foto: Yad Vashem. Källa: Stadtarchiv Heilbronn.

En grov polisattack mot romer med misshandel och våld.

Källa: Zborov, Ungern. ERRC

SOM-instituet	Källa: SOM-insitutets hemsida
"Ge inte SD makt"	Källa: Socialdemokraterna Västerås

"Bort med varje tendens till diktaturstävanden"

	Källa: Liberalerna on Twitter, 1 juli 2014
Jimmie Åkesson	Källa: Samhällsnytt
Jimmie Åkesson,	*Om att begränsa yttrandefriheten.* Källa: Zaphod Beeblebrox.vardagsrasism

BoD™
BOOKS on DEMAND